琉球ガイドブック

はじめに──「琉球ガーデン」を見直そう──

　みなさん、気付いていましたか。沖縄に住んでいる私たちは、それだけで本当にラッキーなんですよ。
　島々に降り注ぐ沖縄のティダ（太陽）の光りは、自らつくった影をも隠す力で、こんなにも鮮やかに島のすべてを発色させて、私たち一人ひとりに自然の美しさを教えてくれます。自然の宝庫である沖縄は、さまざまな色の宝庫です。植物も種をまけばすぐ発芽するし、挿し木も簡単。生長も早くて、多花性だし、香りのある木が数多くあるのも、素敵なことです。そんな環境だから、感性豊かで才能ある多彩な人が多いのもうなずけます。
　それなのに最近の沖縄ときたら、次々と無機質なビルが立ち並び、緑も少なくて、いつのまにか街並みと人並みが、少しグレーがかっていませんか。
　私の幼い頃、沖縄はもっと沖縄だった。
　変な言いまわしですが、ドルを使っていた時代でも、ウシュメー、ハーメー（おじいちゃん、おばあちゃん）がいたあの風景は、沖縄そのものでした。いつの頃からかでしょうか、沖縄の風景が、まるで外国のようになってしまったようです。沖縄のイメージをアピールしているはずのリゾートホテルにいくと、「ここはハワイか、スペインか」と思うほど洋風化されていて、その居心地の悪いよそよそしさに、私の中のウチナーンチュのDNAが、「これは沖縄ではない」と反発します。
　私の心の中に広がる沖縄の風景は、ハブの抜け殻（……とってもきれいなのよ！）をさげた秘密基地が作れるほど大きく枝をひろげたガジュマルの姿や、ムーチービーサの寒さで手を真っ赤にしながらゲットウ（月桃）の葉を洗った冬の日だったり、みかん木についたカマキリの卵を机にかくし、家中をかまきりの赤ちゃんだらけにした春の日だったり、ほたるを捕まえては蚊帳のなかに放して眠りについた夜だったりします。そんな風に自然は、私たちの身近に、あたりまえにあるものでした。
　でも今、そんな自然を経験できる子は、どのくらいいるでしょうか。
　沖縄には琉球王朝時代から伝わる「琉球庭園」と呼ばれる伝統的な庭の形式があります。例えば、家を作る時に〈家相〉を参考にする人も多いでしょう。同じように、庭にも言い伝えられてきた〈庭相〉があるようです。実際に庭を作る際は縁起がいいと伝えられている樹木を選択する人も多いはず。それらは昔から私たちの身の回りにあるマツやクロトン、リュウキュウコクタンなどの庭木、ヨモギや唐辛子の植物たちです。これらの植物はそれぞれ人々が語り継いできた言い伝えや特性があり、人々に愛され親しまれてきた沖縄を豊かに

する植物たちなのです。
　そんな風に沖縄の植物に寄り添い生活してきた沖縄の人たちが伝えてきた「琉球庭園」のよさを活かした現代のガーデニング、それが「琉球ガーデン」です。
　この本は、園芸専門家が書いた園芸書ではありません。ごく普通の主婦が、今までストックしてきたおばあちゃんの知恵や我が家の秘伝、そして素人なりに失敗を重ね培った経験と多くの方に教わってきた事を有機栽培、無農薬栽培にこだわってまとめてみました。
　自然と向き合うガーデニングは一朝一夕ではできません。日々変化し共に成長していくもの。どうぞ、ままならないからとあきらめるのではなく気長に自分なりのガーデニングを楽しんで下さい。さぁみんなで一緒に、グレーがかった沖縄の街並みを、もう一度光り溢れる彩り豊かな風景にしてみませんか。

CONTENTS

I 琉球ガーデンの植物

シンボルツリー　ヤマモモ　8
　　　　　　　　ホルトノキ　10
　　　　　　　　シマトネリコ　11
門の脇　　　　　リュウキュウマツ　12
　　　　　　　　ブーゲンビレア　14
玄関脇　　　　　カンノンチク　16
　　　　　　　　フクマンギ　18
生垣・庭木　　　フクギ　19
　　　　　　　　ゴモジュ　20
　　　　　　　　リュウキュウコクタン〔クルキ〕　21
　　　　　　　　イヌマキ〔チャーギ〕　22
　　　　　　　　クロトン　24
　　　　　　　　マダケ　26
　　　　　　　　モクビャッコウ　27
　　　　　　　　クチナシ　28
　　　　　　　　ゲッキツ　29
　　　　　　　　マツリカ　30
　　　　　　　　イランイラン/イエライシャン/ヤコウカ　31
　　　　　　　　サガリバナ　32
　　　　　　　　サルスベリ　33
　　　　　　　　ブッソウゲ　34
　　　　　　　　ウメ　35
　　　　　　　　○正しい沖縄三大名花　36
キッチンガーデン　ショウブ　38
　　　　　　　　キク　39
　　　　　　　　シマトウガラシ〔コーレーグース〕　40
　　　　　　　　ゲットウ〔サンニン〕　42
　　　　　　　　ヒハツモドキ　44
　　　　　　　　ヨモギ　45
　　　　　　　　ニンニク　46
　　　　　　　　○その他の沖縄のキッチンガーデンおすすめ　47
　　　　　　　　○ハーブで快適生活をゲットしよう　48
インドアプランツ　エコプランツ　49
家の裏　　　　　バショウ　52
　　　　　　　　ビワ　53
　　　　　　　　ザクロ　54
　　　　　　　　ヒラミレモン〔シークヮーシャー〕　55
公園・街路樹　　ガジュマル　56
　　　　　　　　センダン　58
　　　　　　　　シマグワ　59
　　　　　　　　デイゴ　60
　　　　　　　　コバテイシ〔クヮディーサー〕　61

御嶽の植物　　ビロウ〔クバ〕　62
　　　　　　　　　アダン　64
　　　　　　　　　ソテツ　65
　　　　　　　　　クロツグ〔マーニ〕　66
　　　　　　　　　オオタニワタリ　67
　　　　　　　　　○沖縄　気をつけてね植物　68
沖縄の伝統的な庭　71
　　琉球古庭園を訪ねて　72
　　これが沖縄の伝統的な庭　74
　　沖縄の魔よけアイテム　76
　　○上等　沖縄グッズセレクトしました　78

II　実践ガーデニング

1、土づくり ──────── 82
　　よい土って　82
　　コラム　沖縄の代表的な3つの土壌　84
　　◇古いプランターの土を再利用する　85
2、堆肥 ──────── 86
　　腐葉土を作ろう　86
　　◇ミミズで堆肥　87
　　コラム　生ごみ処理機　87
　　コラム　腐葉土に注意！　88
　　◇竹炭で土を生き返らせる　88
3、肥料 ──────── 89
　　肥料の種類　89
　　肥料は大事　90
　　施肥の方法　91
　　◇家庭できる植物活力液　92
　　◇油かす液肥の作り方　94
　　緑肥　95
4、無農薬で育てる ──────── 97
　　今、評判の撃退法　97
　　コンパニオンプランツ　99
　　連作障害　100
　　自己流がーデーナーの裏技大公開　101
　　上手な水やり　103
　　トピアリーの作り方　104
　　沖縄の風水　106

植物名索引　108

扉写真撮影場所：La fonte

005

I 琉球ガーデンの植物

沖縄で昔から愛されてきたいろいろな植物たち。これらの植物をその特性を生かして庭に植えてみては?

本書では沖縄の身近にある植物を適した場所別に紹介し、キャラクターマークを付けました。
植物名については標準語で表記しましたが、一般的に浸透している植物名(クバ等)については並べて【　】内で表記しました。方言名は地域によってさまざまですが、一般的なものを掲載しました。
🌱は栽培データ、「コラム」は植物にまつわるいいつたえや物語です。

〈場所別インデックス〉

●シンボルツリー
玄関や庭のメインに1本植える木で、家のシンボルともいえるもの。

●生垣・庭木
生垣にしたり、庭木にしたりと応用範囲の広いもの。

●家の裏
表といわれる南東より北西に適しているもの。

●門の脇
門の脇にふさわしいもの。

●キッチンガーデン
家庭で食べる野菜や薬味、果物など。

●公園・街路樹
大きくなる木など公共の場に適しているもの。

●玄関脇
玄関周りにおすすめしたいもの。

●インドアプランツ
エコプランツ(有害な科学物質を除去できる植物)など、室内栽培に適したもの。

●御嶽の植物
聖木など御嶽(拝所)に植えられているもの。

〈キャラクターマーク〉

魔 魔よけ

悪いものを追い払う。
ヤマモモ、ブーゲンビレア、カンノンチク、イヌマキ、モクビャッコウ、クチナシなど

魔よけ効果ナンバー1のヤマモモの木。

嘉 嘉例吉 かりゆし

めでたい、縁起のよい植物。
ホルトノキ、シマトネリコ、リュウキュウマツ、ゴモジュ、リュウキュウコクタン、フクマンギ、フクギなど

さまざまなカラーや品種があるクロトン

聖 聖木

神の依代として神聖視されてきた植物。人間と神を分けるため敷地内に植えることは避けられてきた。
ビロウ、ガジュマル、デイゴ、クロツグ、アダン、ソテツなど

見事なソテツ

シンボルツリー 01
Symbol Tree

4月になる実を泡盛やホワイトリカーにつけてつくる果実酒は夏負け予防によいという。また、樹皮は染料に、口臭消しや食欲低下には生食するとよいという。

魔

おいしくて
魔よけにもなる木

【ヤマモモ科】
ヤマモモ(山桃)
方言名／ヤマムム

高さは15mにも達する常緑高木。株は雌株と雄株があり、実がなるのは雌株だけ。沖縄では1月に短い黄褐色の花を開き、4月頃、1～2cmの実が熟する。土は酸性土壌が適している。根に根粒菌(空気中の窒素を取り込み、栄養にかえる細菌)を共生させているので、痩せた土地での栽培も可能。荒廃地や臨海の埋立地の緑化にも利用されているが、庭木や垣根にも適している。萌芽力が強いので刈り込んで円柱形や玉散らし型にも仕立てられる。

ヤマモモ発祥の地―沖縄市山内

以前は清明祭の頃(4月頃)になると那覇や首里の街に熟れたヤマモモの実をいっぱい入れたザルを頭にのせ、産地の沖縄市山内や諸見里から「ムムウィ　アングヮー(桃売り娘たち)」が売り歩く姿がみられたという。

ヤマモモは、琉球王朝時代に沖縄市山内集落の祖である山内昌信が、明留学の際に、明国からヤマモモを持ち帰り、山内前の原に移植したのが始まりであると言われ、次のような歌が伝えられている。

仲竹の梅や誰がし　何時もちやが
我島うかきゆる　由の主の前
(すばらしいヤマモモはどなたがいつお持ちになられたのでしょう。それは私たちの村を豊かにして下さる山内昌信さまです。)
(『おきなわ村の伝説』青山洋二著より)

庭のシンボルツリーとして植えると、樹形もよく、魔よけ効果が高いと言われているので、鬼門の方向(東北、南西)またT字路になった道のつきあたりなどにもおすすめ。

シンボルツリー 02
Symbol Tree

ホルトノキ
【ホルトノキ科】
方言名／ターウルサー、ターラシサー、ワカギ

植えるとカリーがつく木

嘉

🌱 5m～10mの常緑高木
街路樹としてよく見かける。よくヤマモモとまちがえられるが、葉の緑が鮮やかなことと、古くなった葉が赤くなっても落ちずについていることから区別できる。夏に小花を密かに咲かせ、秋にはだ円の実をつける。寒い風のあたらない肥沃な石灰岩土壌を好む。
オオシノガ、ハラビロカタロイガラムシ等の病虫がつく。

　「カリーな木」（縁起の良い木）として敷地内に好んで植えられる。火の神や神棚にも供えられ、正月の若水とともに若木（ワカギ、若返るの意）としても用いられた。縁起のよい木なので、庭のシンボルツリーとしても。

ホルトノキの実

赤い葉がホルトノキの印

010

シンボルツリー 03
Symbol Tree

やさしい緑の葉

涼しげなシマトネリコのシンボルツリー

【喜如】やさしい葉かげが
すずしさを

【モクセイ科】
シマトネリコ
方言名／ウヌハカギー、コーバナキ

山裾に生える高木で、小枝はいくぶん白っぽく、葉はやさしい緑色をしている。
方言名の「ウヌハカギー」は材が堅く「斧の刃も欠かす」ことからきており、バットの材料にもなった。西洋の伝説でトネリコの隣にニレの木を植えると、土中で結ばれ子が生まれるといわれ、子孫繁栄と家内安全を願う木とされている。

シンボツリーとして配置すると、やわらかな線と緑陰で庭をソフトな雰囲気にしてくれる。

| 門の脇 | 01 Gate Side |

その姿が愛される聖木
【マツ科】
リュウキュウマツ 喜

方言名／マーチ

沖縄県の県木。高さ20〜25mの常緑高木。沖縄の気候環境に最も適した樹で、耐風性、耐潮性、耐乾燥ともに優れ、美しい樹形から都市の緑化植物として利用されている。成木になると樹皮がウロコのように割れ、風格が出てくる。移植はむつかしく、マツノゼイセンチュウ（マツクイムシ）の被害の予防としては、定期的な手入れが必要。

盆栽でも十分効果があるので、松の盆栽はおすすめ。
（撮影場所：瑞盛館）

王国時代の蔡温

琉球王国時代の政治家として有名な蔡温は風水に精通し、山中には気が流れており、その気が散らないように樹木を持って閉じなければならないと考え、気の漏れる所に松を植え、気を逃がさないようにしたという。現在でも「蔡温松」と呼ばれる松が沖縄本島北部に残っている。

久米の五枝の松。（久米島町）1870年に植えられたと伝えられ、根元から大きく二つに枝分かれし、唐傘を開いたような樹冠はみごと

りっぱな門かぶりの松

　昔から「松竹梅」と言うように、めでたい木の代表。正月には神の依代の役目を果たすといわれ、松飾りや門松を置くと神が降りてくると信じられている。葉が常緑であるため、若さを得られるともいわれてきた。また、松の木を通る風は心臓病や肺の患いに効くといわれ、結核療養所の近くには松林があったという。現在でも門かぶりの松の下をくぐると、長寿と健康になるとされる。ただ、手入れが大変なことから、お金持ちのステイタスシンボル化されつつある。

門の脇 02 Gate Side

▼常緑の半ツル性。葉は対生し、光沢がある。花と思われている部分は苞で葉の一部。赤、白、黄色などさまざまな品種がある。ブラジル原産で砂による挿し木で増やす。
花は周年見られ、花が終わると強剪定を行う。花期は乾燥気味に育て、日光を良く当てる。肥料分や水分が多かったり、日光が不足すると花になる部分がトゲになる。西日の当たる場所が適している。

ピンクのブーゲンビレアの向こうに青い空、沖縄風景の定番中の定番。

【魔】華やかな花が目をひく

【オシロイバナ科】
ブーゲンビレア

ブーゲンビレアの門かぶり

　また、門の周りや塀にはわせるのはいいが、アーチにして門かぶりにするのはよくないともいわれている。実は、私の実家でも父が赤いブーゲンビレアを門かぶりになるよう手入れをしていた。祖母は「あれは、門かぶりにするものじゃない。トゲがあるものの下から人がくぐるのはよくない」といっていたが、周囲は頭上に伸びた枝の手入れが大変だからだろう程度にしか考えていなかった。しかし、その父は門かぶりが出来上がる前に急逝してしまい、その後、ブーゲンビレアは母がぬきとってしまった。

いろいろな色のブーゲンビレア

014

ブーゲンビレアは沖縄の人々にも広く親しまれている植物だが、少々気難し屋な木で、好きな環境でなければ花芽をトゲに変えてしまうので、植える場所をまちがえてしまうとトゲと葉ばかりになってしまう。といっても沖縄は日照時間が長いので本土よりはずっと育てやすい環境。このトゲを持つという性質を利用して門周りや塀にはわせて防犯対策に活用している家庭も多いようだ。トゲで泥棒を撃退するというより、美しい花で悪い心を払うといった方が沖縄っぽいかも。
　松の門かぶりで福を招き、ブーゲンビレアで悪を払うという考え方もある。また立派なブーゲンビレアの木のある家は頑固者が多いともいわれている。

| 玄関脇 | 01 Door Side |

ホームセキュリティーな植物

【ヤシ科】
カンノンチク（観音竹）
方言名／クヮンヌンチク

魔
嘉

高さ2mぐらいになる中国原産の常緑低木。庭に栽培される矮小な「ヤシ科」の植物。
土壌は特に選ばないが、日に当てすぎると葉やけをおこすので、半日陰が適している。また強風にさらすと葉が割れるので注意。シュロチクに似ているが、小葉の数が少なく幅が広いので区別できる。株分けで増やす。

斑入りのカンノンチク

玄関脇に植えられたカンノンチク
［撮影場所：松そば］

016

地方によっては玄関の脇に置き、邪気を祓い、その上泥棒が近寄ると人の形になって追い出すと信じられている。そういえば玄関脇に植えられている家をよく見かけるような気がする。
　葉が黄金色や班入りのものなど多様にあり、一部マニアの間では、高額な金で取引があるという。風水的には「一家に一本！」というくらい、土地や家の気を良い物に変えるという。

| 玄関脇 | 02 Door Side |

これが鶴のトピアリーだ

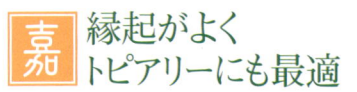

縁起がよく
トピアリーにも最適

【むらさき科】
フクマンギ（福万来）
方言名／ナイギ

常緑性の低木。琉球石灰岩地帯に多く見られる。排水良好で肥沃な土地に適している。
葉に光沢があり、表面に硬い毛がありざらざらしている。実は食用になる。耐潮性も強いことから、海岸地の緑化に利用されることがある。若葉はハーブティとして飲用できる。キドクガ等の害虫がつきやすい。

「カリーナムン」（ラッキーグッズ）として親しまれており、盆栽をやる方に愛好家が多い。トピアリーにも仕立てられ、実際我が家では（すずめに見えるけど）鶴に仕立てられて玄関の前に鎮座している。おかげで、笑いの絶えない家庭で、通りを歩く方にも、遠目のおかげか上手に仕立てられていると思われているらしい。まさにこれ1本でガーデナーの称号をいただいた様なものかもしれない。

生垣・庭木	01
	Fence&Garden tree

高木 昔からの防風林、防潮林

【オトギリソウ科】
フクギ
方言名／フクジィ

高さ15mに達する常緑高木。樹皮は黒味を帯び、若木は緑色で細かい毛を有する。葉は厚く対生し、光沢を有し淡緑色。花は初夏に黄白色、果実はピンポン玉ぐらいの大きさの球形で、8〜9月に黄色く熟する。材は黄色味をおび、成熟した木からは黄色の染料がとれる。紅型の"チーイル"（黄色）は有名。

古くから屋敷林として家の周りに植えられ、防風林、防火林として利用されてきた。厚い葉で音をも遮断するともいわれ、今でも集落の中にりっぱなフクギ並木を見かけることがある。かなり大きくなるので現在では広い敷地でないと植えるのは難しいかも。

備瀬のフクギ並木（本部町）

019

生垣・庭木 02
Fence&Garden tree

知識人を育てる
ありがたい生垣

【スイカズラ科】
ゴモジュ
方言名／グムル

常緑低木。低地の山野に生育、土壌は特に選ばないが排水のよい所が適している。枝は細かくよく分枝し、褐色で皮目が著しい。葉は対生、楕円形。花は白色で12～1月頃咲く。つやのある葉や赤い果実が美しい。褐斑病、すす病、カイガラ虫、ハムシ類の食害を受けやすい。

琉球王朝時代王府の門前に植えてあったことから「御門樹」といい、それがなまってゴモジュとなったといわれている。生垣や庭木として利用される。

ゴモジュにあやかる

　子供の頃、祖母と首里の親戚の家に行った時、ゴモジュの垣根を仕立てている家の前を通った。すると祖母がゴモジュの枝を一本いただき、「あやかりなさい」と私に差し出した。その家は人徳の厚い名士さんらしく、ゴモジュを南の方角に植えると、高い知識人が出ると伝えられ大事にされているという。子供心にもゴモジュという名が呪文の様にリピートし、いまだにゴモジュを見ると「へへー」とふせたくなる。いまだあやかれないのが残念でならないが、入手した際にはゴモジュで家を囲おうかと考えている。

生垣・庭木 03
Fence&Garden tree

サンシンの棹にも

[カキノキ科]
方言名／クルチ

リュウキュウコクタン
[クルチ]

嘉

こんな風に段々ではなく、ツリー型に刈りこむとまた違った雰囲気に

10mにも達する常緑中高木。樹皮は黒褐色、葉は互生、光沢のある葉。5〜6月に香りのよい白い花を咲かせる。8〜10月頃に赤くなる実は食用になる。材は堅く、柱、楽器・サンシンの棹に用いられる。庭園樹、街路樹に用いられ、防風林、防火林、防潮林として植栽されている。

庭木として段々に刈りこまれたリュウキュウコクタンの木を良くみかける。昔はコクタンのある家はエーキンチュ（金持ち）といわれ、憧れの木だったという。黒い幹は重厚感があり、好んで植えられている。

生垣・庭木 04
Fence&Garden tree

イヌマキ [チャーギ]
[イヌマキ科]
方言名／チャーギ

貴重な建築用材としても

高さは15〜20mに達する常緑高木。日光によく当てる。乾燥に弱いので、肥沃な土地が適している。キオビニダシャクの幼虫が発生する。材は堅く、樹脂が多いので、水に強く、沖縄産は最上の建築材で、床柱や家具に利用されてきた。成長が遅く、また幹がまっすぐに伸びにくいこともあり、まっすぐなものは貴重な建築用材となっている。とくに床柱に使われ、根の所が太くなっている柱は垂涎ものだという。

新芽が美しいイヌマキ。生垣や防風林、盆栽にもよい。

　チャーギは火の神（かまどの神様）などの供えによく利用され、市場で売られている。家にあると便利だと思うのだが、チャーギを家に植えるのを嫌う場合がある。それはチャーギが株立ちにならないので子孫繁栄につながらないとか、株がまっすぐ上に伸びるのは稀なので、出世株にならないというようなことからきているようだ。また、それぞれの木には個性があり、特性があると考えられ、チャーギは「ムンヌ　シガイン」（成仏していない霊があがってくる）といわれ、霊がよってくるというので屋敷に植えるのを嫌がる年配の方もいる。

生垣・庭木　05
Fence&Garden tree

クロトンの花

スパイラルは龍の化身

さまざまな品種、色が楽しい
【トウダイグサ科】
クロトン

高さ50cm〜2.5mに達する常緑低木。インドネシア・モルッカ諸島原産。純熱帯植物。高温と強光、適当な湿気を好むが、寒さには弱い。肥沃で排水の良好な土壌が適している。葉の形が大型の楕円形のものから、スパイラルのものなど多様で、葉の色も赤味や黄味など変化に富んでいることから「変葉木」の異名をもつ。
日当たりが悪いと葉色がさえなくなる。また耐潮性が弱いので、風当たりの少ない場所に植える。

　クロトンは花の少ない真夏でも赤や黄の色が美しく、花の代わりに庭に植えて楽しめる。沖縄では庭の東側に植えるとよいとされた。
　また一般に火の神には花を供えてはいけないといわれている（夫が浮気するとか）が、クロトンは火の神に供えてもいいとされている木で唯一カラーリーフであり、一本だけでも台所周辺を明るくしてくれる。

大葉は大判、小葉は小判と表現されている。東側に植えると、商売繁盛、勝負強くなると伝えられる。

| 生垣・庭木　06
Fence&Garden tree

仕事運の上昇に

【タケ科】
マダケ
方言名／カラタキ

高さ10m、径6cmほどにもなる竹の一種。中国原産で、県内各地で植栽され、各種竹細工・釣竿などに利用される。沖縄本島北部の土壌に最も適するが沖縄本島中南部の土壌では水はけの良い場所に植栽する。
根をはって、屋敷内にはびこり困るという話を耳にするが、植えつける際に土管を埋め、その中に植えると根をはらない。鉢でも代用できる。

竹は上にまっすぐのびることから、仕事運の上昇に通じるとも考えられている。

生垣・庭木	07
	Fence&Garden tree

シーサーは沖縄のなくてはならない厄払いアイテム

石とモクビャッコウで厄除け効果up

魔 灰白色の葉が美しい厄除け

【キク科】
モクビャッコウ
方言名／イチジク

🌱 高さ30〜80cmの常緑低木。海岸の波しぶきがかかる岩上に群生。美しい銀色に見えるのは灰白色の細かい毛が密に生えているから。初夏に淡い黄色の小花をつける。葉には香気がある。

庭木、盆栽としてよく植えられている。古くから邪気よけ効果があると言われ、石敢當やシーサー、石のそばに植えるとその効力がアップするといわれ、「ガジマル＋石」或いは「シーサー＋モクビャッコウ」のパターンはよくみかける。もちろんモクビャッコウだけでも効果がある。

生垣・庭木（香） 08
Fence & Garden tree

クチナシ
【アカネ科】
方言名／カジマヤー、マタサカキ

虫をも誘う強い香り

🈲

▼ 高さ1〜5mになる常緑小高木。庭木・印材などに利用される。日向でも半日陰でも良く育つ。土壌は特に選ばない。耐潮性がやや弱いので、風当たりの少ない場所で植栽する。オオスカシバの幼虫、カイガラムシ等の食害にあいやすい。香りが強い花、光沢のある葉、花弁が風車に似ているところから、カジマヤーの名がついた。黄赤色の染色。また漢方薬として使われる果実は裂開しないことから「口無し」と言われている。

お部屋の香水なんかいらないくらい、よい香りを漂わせる。でも、この植物も蚊などの虫を誘うので、要注意。

　他人の口難（言葉が原因の災いごと）をほどくといわれ、他人からの悪口を言われなくなると言われている。また、世襲を重んじる家庭では子が違う道を選択するとも言われている。親の束縛を解き、他人からも悪口を言われたくない方にオススメの木かも。

クチナシの実

生垣・庭木（香）　09
Fence&Garden tree

ゲッキツの生垣

魔 遠方まで香る花

【ミカン科】
ゲッキツ
方言名／ギギジ

ゲッキツの花

🌱 常緑小高木。土壌石灰岩質土壌または砂質土壌を好む。葉は革質で光沢があり、花は白い強い芳香がある。遠方まで香ることから七里香、十里香ともいわれる。果実は赤く熟し美しい。
すす病、アオバハゴロモ、カイガラムシなどの虫害をうけやすい。

ゲッキツにまつわる不思議な話
- 旧暦の1日、15日には不思議と香りが強くなるといわれている（八重山）。
- ヤンバル（沖縄本島北部）で旧暦15、16日の満月の夜に一軒の家からゲッキツの香りがしてきた。両隣は暗いのにその家だけが妙に明るかったのでこれは月とゲッキツが会話していたに違いないといわれ、次の日、その月に照らされた家から葬式が出たという。こういうことが一度ならずあったという。

　ゲッキツがあると蚊が寄らなくなる。またゲッキツの花がよく咲く年は、台風、または大雨が多いと言われる。お茶に花や葉を浮かべて香りを楽しむ。

生垣・庭木（香） 10
Fence&Garden tree

さんぴん茶の香り

【もくせい科】
マツリカ（ジャスミン）
方言名／ムイクヮ、ムイカ

嘉

マツリカの花

熱帯原産の常緑低木。土壌は特に選ばない。挿し木や株分けで増やす。
春から秋にかけよい香りのする白い花が咲く。中国や台湾ではこの花を摘んで乾燥させたものをお茶にいれて香りをつける。（さんぴん茶、ジャスミン茶）

沖縄の人は昔より香りを尊び、お茶を買うにしても各家庭でオリジナルの香りをブレンドし楽しんでいた。特に庭にマツリカを植え、早朝につみとり、生のままあるいは陰干しをして、きゅうすに入れて飲んでいた。

030

生垣・庭木（香） 11
Fence&Garden tree

沖縄で普及させたい木
【バンレイシ科】
イランイラン

フィリピンでは神の宿る木と呼ばれ、タガログ語で「花の中の花」という意味。菊の花を下向きに咲かせたような姿の花。沖縄では初夏から秋に向けて、次々と咲かせ、辺りに甘く濃厚でかつスパイシーな香りを漂わせる。黄の他にピンク、薄紫があり、黄色の花から最高級の精油が採れ、高級香水の原料になっている。

歌でも有名な香りの花
【ガガイモ科テロスマ属】
イエライシャン
（夜来香）

熱帯インドからインドシナ原産の多年製つる植物。日光によく当てる。カイガラムシに注意。

「イエライシャン」と歌でも有名な夜来香。香りは時間によって変化し、昼は甘いフルーティな香り。夜から早朝にかけては白檀のような幽玄な香りに変化する。真夏の蒸し暑いことを忘れさせ、香りを含んだ風を心地よく、感じさせる木。八重山地方ではトイレの臭い消しに植えたという。

つる状にのびるイエライシャン

心を静める香り
大昔、中国で戦乱があり、ある軍隊が夜来香の香る地域を占領したが、兵士たちはそのふくいくたる香りに包まれているうちに、戦意を失い、城を後にしたという。獰猛で攻撃的な兵士の心を静めた不思議な香り。闇夜にあっても、人の心をとらえるように香り続ける、血を流すことがおろかしく思えたという。以前に新聞の「天声人語」で読み、強く印象に残った話。

夜になると香る花
【ナス科】
ヤコウカ
方言名：ヤコウボク

花は星型をしためだたない花だが、夜になると良い香りがあたりに漂う。イエライシャンと混同されるが、別の植物です。

031

生垣・庭木（香）	**12**
	Fence&Garden tree

人を惑わす甘い香り

【サガリバナ科】
サガリバナ
方言名／キーフジ、サワフジ

常緑高木。肥沃で温潤な場所を好み、半日陰でも育つ。6月から7月に咲く花が長く垂れ下がることから「サガリバナ」の名がある。花は夜開き、あたりに甘い香りを放つ。
樹勢が強く樹形が乱れやすいので剪定はバランスを考慮する。海岸及び河岸地帯に自生する長く下垂した糸状の花と芳香が人気のひみつ。夜にライトアップされた姿は神秘的で、星の精が舞い降りたようである。樹皮にはタンニンを含む。漁網を染めるのに使われた。

サガリバナは気の強い女性のイメージだ。その美しい花は、ジッと上目づかいでライバルを物色し、強い香りで男性を惑わす様を想像させる。サガリバナの下を歩いていて皮膚がかぶれたりするのは、きっと美しい女性にしっとしてかゆみ成分を出しているのだろう。そんな想像をさせるぐらい、水辺に立つサガリバナの妖艶な美しさは筆舌につくしがたい。

生垣・庭木(花) 13
Fence&Garden tree

夏を彩る花

【ミソハギ科】
サルスベリ(百日紅)
方言名／ハゴーギ

🌿 高さ3mにもなる落葉中木。花が長い間咲き続けることから百日紅とも呼ばれている。花の色は紅、白、紫などがある。日当たりの少ない肥沃な場所。うどんこ病、カイガラムシが発生しやすい。成長が早いので、樹形を整えるためにこまめに剪定する。

夏に咲く数少ない花として愛好者も多く、庭木として植えている家も多い。でも、実はお年寄りの中には「サルスベリ」は庭に植えないほうがいいという方がいる。木の下の散った花の紅の色が不気味に思えるのか、はたまた他の理由があるのかわからないが、意外である。

サルスベリの街路樹

幹がスベスベして猿も滑り落ちることからサルスベリと言われているという。スベルというゴロの悪さのせいか商売をやっている所では避けられているようだ。そういえば、街路樹として植えられている通りがあるが、夏には色鮮やかな花が咲き乱れて目を引くけれど、町並みが疲れているようにも見えるのは気のせいだろうか。

生垣・庭木（花） 14
Fence & Garden tree

ブッソウゲ【ハイビスカス】
【アオイ科】
方言名／グソーバナ、アカバナー

親しまれる赤い花

魔

🌱 高さ1m〜5mの常緑低木。葉は広い卵形で、光沢のある深緑色。花は広い漏斗状の長さ5〜9cmの花を毎日咲かせる。方言で「アカバナー」と呼ばれるように、従来はブッソウゲといえば赤い花が普通だったが、今では白、桃、紫、黄色、オレンジなどいろいろな栽培種がある。ハイビスカスティは種の近いローゼルという植物のお茶で、ブッソウゲは使われていない。

ハイビスカスと言えば、青い空に鮮やかな色が映える明るいイメージだが、後生花（グソーバナ）と呼ばれるように、仏壇や墓前に供える花とされていた。そのため、敷地内に植えるのを嫌がる人もいるようだ。以前は垣根などにもよく使われていた。最近は道路わきの植栽などでもよく見かける。

ハワイでは毎日新しい花が咲くことから、成功する実業家の花とも言われている。

死人の後生の幸せを願って墓地に植えたり、墓前に供える花なので、敷地内に植えるのを嫌がるところもあるようだ。

クチャ（土）やブクブク（クスノハカエデ）などは洗髪に使われることがあるが、ハイビスカスも葉や花をぬるま湯につけ、もんだ液が洗髪に利用された。

034

生垣・庭木（花） 15
Fence&Garden tree

風流な植物
【バラ科】
ウメ（梅）嘉
方言名／ンミ

🌱中国原産の6mぐらいの高さになる落葉亜高木。沖縄ではヒカンザクラが咲いた後に梅が咲く。

　沖縄で梅？　と思われるかもしれないが、沖縄の人々は古より梅を愛し、琉歌には度々うたわれている。ほのかに甘い香りが早くから沖縄人に受け入れられ、首里や北部ではよく見かけられたという。特に首里の士族家族では、書道、茶道・香道・華道をはじめ和歌にいたる教養を身につけなければ役職につけなかった。庭には四季折々の香りを放つ木々が植えられ、主木にはリュウキュウコクタンやマツではなく、梅、桜、桃が主木の位置づけをされ、1本〜2本の少数を植えることで派手さを抑え、落ち着きのある庭とした。今、流行のトロピカルな庭ではなく、古都として風格のある庭が多かったという。

　梅や桜を四方に植えると、男が遊び人になると言われていた。

　桃は緑肥とされ、また火災をさけるといわれ、首里城第二の門守礼門の鬼瓦は「桃」がデザインされていた。

泡盛の香り
泡盛の古酒鑑定にも香気が重んじられ、梅の香りに近いものが優秀で（鬢付けの油匂）次にトーフナビーカザ、（熟れたホウヅキの匂い）。ウーヒージャーカザ（オスの山羊のにおい）とくるという。(尚順著「古酒の話」より)

035

正しい沖縄
3 Great flower in Okinawa

　皆さんの周りで正しい沖縄三大名花を答えられる人はいますか？
　沖縄出身の人でも答えられるのはごく僅か。私の周りのウチナーンチュに聞いてみました。

（30代　女　那覇出身）ハイビスカスとブーゲンビレアと胡蝶ラン

（40代　男　沖縄市出身）桜とハイビスカスとゆり

（10代　女　那覇市出身）琉球松、でいご、ぐるくん＜県木、県花、県魚でした＞

（40代　女　宮古出身）ブーゲンビレア、でいご、カトレア＜ちなみにお花やさん＞

みなさん「ブブー」。不正解です。正解は、

　1、サンダンカ　方：サンダンクヮ
低木、常緑　花は毬のように咲き、花の少ない夏にたわわに咲くことから昔より好んで植えられた。剪定をこまめに行なうと側枝がのび密に花を咲かせ美しい垣根になる。また、敷地の東側に植えるとよいとされる。

　2、オオゴチョウ　方：アコウテ
中木、落葉樹　幹にとげがある。樹形がみだれやすいので花後に剪定するとよい。蝶の食草で有名。

　3、デイゴ（62頁参照）

#01 サンダンカ

三大名花

#*02* オオゴチョウ

#*03* デイゴ

037

キッチンガーデン 01
Kitchen Garden

【アヤメ科】ショウブ（菖蒲）

方言名／ソーブ

5月4日にはアマガシを

魔 嘉

🌱 多年草。地下茎が横に伸び、香りがあって切り口はピンク色を帯びる。中国や日本、ヨーロッパでは健胃剤として利用されてきた。五月の端午の節句に葉をお風呂に入れる、ショウブ湯も有名。肥沃で湿潤な土が適しており、以前は畑や田のそばに植えられていた。

沖縄では旧暦の5月4日をユッカヌヒー、5日をグングウチグニチといい、アマガシ（ぜんざい風のお菓子）やポーポーをつくり、ジョウブの葉を箸代わりに添えて、仏壇に供え、健康祈願をした。シナモンとしょうがをミックスしたような香りが、食欲を増進させ、食中毒から守ると言われている。この頃はそういった沖縄独自の習慣がなくなり、このショウブの茎も入手しにくくなったけれど、ユッカヌヒーが近付くと那覇の公設市場付近で株ごと売っている。

アマガシとショウブの箸。左奥のおもちゃは琉球玩具「鯉のり童子」。ショウブの葉を噛んだ時のシナモンに似た風味と、アマガシの黒糖とのハーモニーはくせになる、是非お試しを。

ショウブは葉の形状が剣に似ていることからか、邪気を祓うと言われている。東の方に植えて勝負運を強くする。子供のお風呂に入れると、ヘーガサー（皮膚病）が治る。

> **ユッカヌヒー**
>
> ユッカヌヒーは年に一度、子供たちにおもちゃを買ってあげる慣わしもあり、その年に生まれた赤ん坊には、母方のおばさんにあたる女性が「うっちりこぶさー（起き上がりこぶし）」をプレゼントし、健やかな成長を願ったという。

キッチンガーデン	02
	Kitchen Garden

菊酒は健康と長寿を祈る

【キク科】
キク（菊）
方言名：チク

🌼 切花として最もポピュラーな花。宿根草なので温度が上昇すると生育が始まり、日が短くなると開花する。動脈硬化の予防や降圧剤として服用されたりする。菊花茶（キクの花の入った中国のお茶）は風流でもある。

　沖縄では重陽の節句（旧暦9月9日）に菊の葉を三枚うかべた菊酒を火の神やウブガー（産湯水を汲む井泉）や村の神に供え、健康と長寿を祈る。口に入れるものなので、家庭で無農薬で育てて、花も楽しみたい。

キクの花

菊酒を飲んで健康と長寿を祈る。

キッチンガーデン 03
Kitchen Garden

一本でたくさんのコーレーグースの実ができる。

魔 オキナワン香辛料

【ナス科】
シマトウガラシ【コーレーグース】

方言名／コーレーグース

沖縄では多年草。熱帯中南米原産の小低木。果実は香辛料として用いられている。
主に実を利用する香辛料、辛味で食中毒を防ぐ南国特有の有効成分はカプサイシン、殺菌効果、血液の循環をよくすることで発汗、保温効果があるとされている。また赤色素（カプサイシン）は抗酸化作用もあるといわれ食欲増進、体力回復の効果もある。

「高麗から渡ってきた薬」がなまって「コーレグース（高麗薬）」といわれるようになったという。沖縄そばに薬味として使う泡盛漬けのコーレーグースが広く愛用されている。他にも打ち身、虫さされ、かぶれに塗ると効果がある。また寒い時期には綿入れの中にコーレーグースをガーゼにくるむとカイロ代わりにもなる。米びつに入れると虫がつかないといい、自然農薬として、害虫除けにも使える。

収穫されたコーレーグース。泡盛に漬けて使用する。

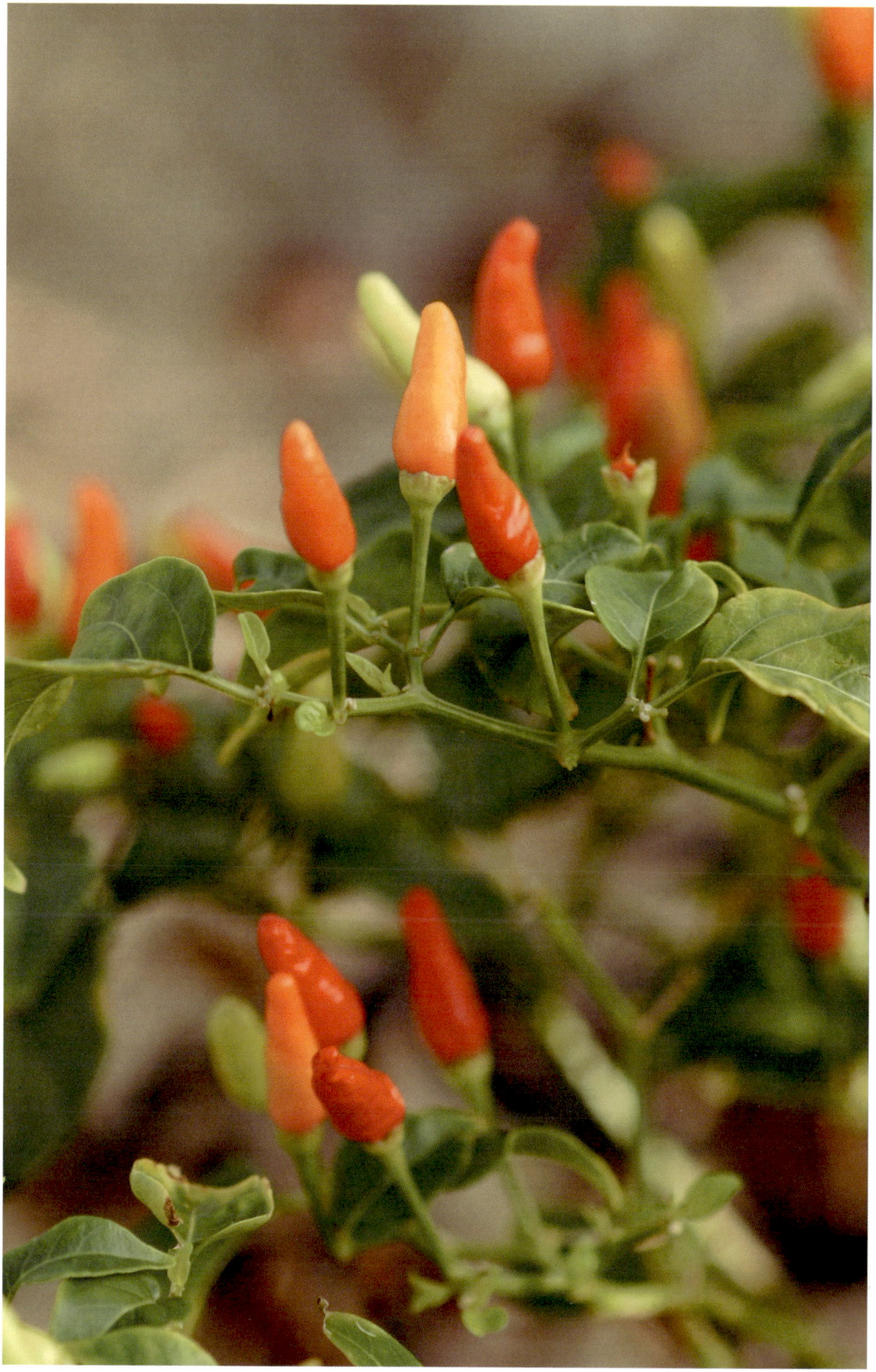

| キッチンガーデン 04
Kitchen Garden

ゲットウの花を水につけておくと、水は腐れにくいといい、挿し木のさし穂を一緒に水につけると発根を促すといわれている。

沖縄では昔からその香りが蚊などの虫を寄せ付けないことから、家の裏などに植えられた。赤い実は虫除けの効果もあり、玄関においておくと虫が入ってこないといわれる。

ムーチーの香り

【ショウガ科】

ゲットウ（月桃）

【サンニン】

方言名／サンニン

高さ3mほどの多年草草木。土壌はやや湿った場所が適している。花は4〜6月ごろに咲き、房状に下垂し、芳香を発する。葉は長く40cm〜70cm、幅は15cmぐらいで、葉は殺菌効果があり、香りもよく、食べ物を包むために使われる。大株にして観賞するのもよい。茎は裂いて縄の材料にも使われる。漢方では種子は胃薬として用いられてきた。最近ではポリフェノールを多く含むことから、注目されている。ゲットウの香りは興奮を静める効果もあるといわれ、人気急上昇の植物。

旧暦12月8日の「ムーチー」と呼ばれる行事にはゲットウの葉で餅を包み蒸したものを神仏に供え、子供の健康を祈願する。この日はゲットウの香りで包まれる。

またこの「ムーチー」の日はキーヌシィ（木の精）が不在の日だといわれ、この日はふだん斧をいれることのできない聖木にも刀を入れても大丈夫な日といわれている。

旧12月8日に作られる「ムーチー」は
餅をゲットウの葉で包み蒸したもの

キッチンガーデン 05
Kitchen Garden

石垣にはりつき、実をつけるヒハツモドキ

魔 石垣にオキナワン胡椒

【コショウ科】
ヒハツモドキ
方言名／ヒハチ、ピパーシィ

つる性常緑樹。土は特に選ばないが、やや湿り気のあるところを好む。病害虫はほとんどみられない。茎から付着根を出し、壁面に吸着することから、壁面緑化に最適。コショウの仲間で石垣島では石垣にはりつき自生している程。一般的な植物。実は4cm程でつくしに似ている。熟すると赤くなるが、香辛料として使うのは未熟な青い実。

　青い実を干して粉にした香辛料は、沖縄そばの他に、肉の臭み消しに利用される。風味はピリッとしたなかにシナモンのような甘さをほのかに残す。南国の香辛料だが、手足の温度を急上昇される効果が注目されている。ヒペリンという成分が血管拡張に効果があり、血流量を上げるといわれている。他に食欲増進効果、胃の調子を整える効果も人気の秘密だ。

044

キッチンガーデン	06
	Kitchen Garden

魔 嘉 フーチバージューシは有名

【キク科】
ヨモギ
方言名／フーチバー

🌱 多年草草木。日本全域の原野や道端に自生する。高さは50〜120cmに達する。特有の香りがあり、沖縄でも広く薬草として親しまれている。

ジューシー（雑炊）にヨモギの葉を入れるフーチバージューシーは有名。薬草としては産前産後の健康維持、お灸の材料に。魔よけとしては門の脇やお墓に植えられた。虫除けに効果的で、ランドリースペースに植え、芝生のかわりや洗濯物に移り香を楽しむ。

ヨモギの若葉

フーチバージューシー（ヨモギ入り雑炊）
ヨモギをたっぷり入れて豚だしで炊き込んだ、汁気の多いヤファラジューシー。
［調理：米　悦子］

| キッチンガーデン 07
Kitchen Garden

料理に厄除けに大活躍

世界共通の魔よけ

【ユリ科】
にんにく
方言名／ヒル

多年草。日当たりがよく、粘質土壌を好む。酸性土壌は避ける。鱗茎は肥大し、食用にする。連作を嫌うので同じ場所では栽培は控える。春に植えると、球根が夏の日射しで栄養をたくさん貯えて秋にはいい球根ができる。他の野菜のそばにうえると立ち枯れ病やハダニの予防にもなる（コンパニオンプランツ98頁参照）。独特のにおいの成分アリシンを含む鱗茎には強い殺菌力があり、疲労回復などの働きもある。

ムンヌキムン（悪魔除きもの、魔よけ）とされ、伝染病が流行ると、家の入り口に下げた。普段は北〜西の辺りに下げるとヤナムン（魔）が逃げるといわれる。

沖縄でも昔から栽培され、軒下に干してあったのをみかけた。むずかしい野菜ではないので庭の片隅に植えてみては。昔の人は、魔よけの効果を期待してトイレやキッチンの傍に干していた。

最近の研究ではニンニクに魚に残留した重金属を解毒させる作用があることがわかり、刺身と一緒に出すとよいと言われている。昔も今も、人間を守る野菜のようだ。

●その他の沖縄のキッチンガーデンおすすめ

その他の育てやすく、また、よく使うと思われる野菜をピックアップしました。初心者の方は種から育てるのではなく、苗からはじめた方が失敗が少なくていいでしょう。

★スイゼンジナ
方言名／ハンダマ

沖縄では「いなぐぬくすい（女の薬）」、「血ぬくすい」などともよばれています。ビタミンB2、カロチン、鉄分、ポリフェノールを含み、血行不良や貧血、感冒、のぼせ、むねやけに効くとされています。

★ニガナ
方言名／ンジャナ

健胃剤として有名。ビタミンC、カロチン、カルシウム、カリウムが豊富に含まれていて、琉球王朝時代から、「内臓を強くし、食べ続けることで心身とも強くする」といわれ重宝されてきました。

ニガナとスイゼンジナは、ひと株植えておくだけでこぼれ種や株が増える多年草なので、手のかからない野菜です。

ニガナの葉

イカ墨汁にニガナ　［調理：米　悦子］

レモンの実

★ニラ

カロテンをはじめ栄養豊富な野菜。生長が早く株がどんどん増えますが、植えた年は株をしっかりと育て翌年から収穫したほうがいいようです。ナス科（トマト、なす、じゃがいも、ピーマン）のコンパニオンプランツ。ダイコンとは相性が悪いです。

★ネギ

沖縄でネギ（あさつき）を植えている家庭が多いのは、ちゃんぷるーや汁物などの出番が多いからでしょう。ネギは簡単に栽培できる野菜ですが若干連作をきらいます。ウリ科の植物（きゅうり、すいか、メロン、など）、ほうれん草やいちごのコンパニオンプランツです。一方、あぶらな科のキャベツ、ブロッコリーとは相性が悪く、生育を互いに阻害するといわれています。

★レモン

レモンを庭先で無農薬で育てましょう。花の香りも格別でアロマセラピーに使われます。さんま、ぶり、はまち、などの魚に水銀などの重金属が含まれるとして厚生労働省が注意を促したことは記憶に新しいことです。そこで、注目されているのが、レモン。レモンは重金属を解毒するといわれていますが、市販のレモンには農薬がたっぷり使われているものもあり安心しておすすめできません。是非自家栽培に挑戦してみましょう。

空缶を利用してキッチンガーデンにしても。

047

●ハーブで快適生活をゲットしよう

ヨーロッパを旅した方は見たことがあるかも。窓辺の色とりどりのハーブの花々。あの花々は美しいだけで植えているのではないのです。ちゃんと薬効も計算され植物を選んでいます。食用だけでなく、一年中蚊やハエなどの害虫に悩まされている沖縄でも応用できます。

沖縄で昔から伝えられ、利用されてきたハーブ。
1、ゲットウ（方言名／サンニン）→ねずみ、ノミ、ごきぶり、ハエを寄せつけない
2、ヨモギ（方言名／フーチバー）→ねこ、のみ、ねずみ、蚊がきらう。
3、ヒハツモドキ、レモングラス→ハブが避けるとか。
4、モロコシソウ（方言名／ヤマクニブ）→ドライにしたものをタンスにいれると服を虫食いから守り、トイレに置くと小バエがいなくなり、玄関に置くと魔よけになるとか。梅雨時に那覇の公設市場周辺で売られている。これは沖縄ならではのおばあちゃんの知恵。

ヤマクニブ（モロコシソウ）

最近では沖縄で育てやすい洋風ハーブもいろいろ植えられています。
1、ゼラニウム→窓辺にうえると鳥避け、蚊やハエにも効果あり。
2、ミント→蟻の侵入を防ぐ、ミントでもハッカはねずみやごきぶりがきらいです。
3、ラベンダー→ごきぶり、のみ、ねずみに効果あり。
4、ルー、サントリナ、カレープラント→犬、猫、また、不快害虫を防ぐ。
5、バジル→小バエ、蚊避け

こうして家のまわりに目的に合わせながら植えてみるのも楽しいもの。ハーブは食べられることで人にお礼をするとか。たとえばバジルは食べれば食べるほど虫にさされにくくなるから驚きです。

★レモングラス
沖縄では多年草として扱われます。ひと株あるだけで株がどんどん増え、お茶や芳香剤として使用できます。ススキに似ているので最近ではレモンの香りのするおしゃれなサンやゲーン（ススキ・茅・わらなどの草の葉を結んだ魔よけ）の材料として植えることも多くなったそうです。外国では蛇避けで畑の周囲に植えるところもあるとか。

ウイキョウ（イーチョーバー）

★ウイキョウ
方言名／イーチョーバー
体臭をなくすといわれています。魚汁にいれて生臭いにおいを消す効果は証明済み。連作を気にすることなく栽培できますが、ちょっと、放っておくと大株になるのでこまめに使いましょう。あげは蝶が好む野菜です。

★コリアンダー
方言名／クーシーバー
葉は、カメムシの匂いがするといって、嫌う人もいますが、薬味としてこれがなくては物足りないという方も多いハーブ。香菜とも言い中華料理やタイ料理などに広く使われます。また種は消化促進、咳止めに昔からつかわれてきましたが、最近の研究で、硫黄化合物が多く含まれていることがわかり、鉛排出作用が期待できるといわれています。

レモングラス

Indoor Plants
インドアプランツ
グリーンでお部屋も体も心もきれいに

エコプランツ

エコ プランツとは植物でシックハウス病の原因である化学物質を除去しようというもので、空気清浄効果のある植物をNASA（アメリカ航空宇宙局）が研究しそのなかでも効果の高い植物約50種類をさします。

どの植物にも清浄力はあるのですが、室内でも簡単に栽培でき、有害物質除去力の強いものを、しかも部屋の用途別にセレクトしました。沖縄は比較的観葉植物が育てやすい土地で、家庭でも大なり小なりの観葉植物を目にします。観葉植物が熱帯性のものが多いことからもきていると思いますが、植物にいろいろな意味合いをもたせて大事にし、生活の傍らに植物を置いてきたからとも考えられます。

お部屋の空気は外の空気の10倍汚れているという報告もありますが、換気のために窓を開けても、排気ガスがはいってきてしまいます。植物には、人の心を癒してくれる力、土壌や空気の汚染を浄化してくれる力、かびの発生を抑える力があり、マイナスイオンもだしてくれているのです。あきらめずにエコプラントを利用して空気も心もリフレッシュしませんか。

次項に場所別に適した植物を表にしてみました。除去物質の記号は下記のような効果を表わします。

A　アンモニア（掃徐用洗剤、FAX等に含まれる）
B　ベンゼン（たばこ、ペンキ、ファンヒーター等に含まれる）
H　ホルムアルデヒト（組み立て家具、接着剤、フローリング等に含まれる）
K　キシレン；トルエン（コンピュータ、FAX、接着剤等に含まれる）
T　トリクロロエチレン（クロスの接着剤、ニス、塗料等に含まれる）

＜玄関に＞

エコプランツ	除去物質	効能、いいつたえ
1、ポトス ミニシーサーと組み合わせて	A、H、K、B	靴や靴箱の臭いを浄化します。 ＊ポトスを家の中に置くと周りの人間関係が円滑になるといわれています。
2、虎の尾（サンセベリア）	H	＊虎は遠く千里離れた所へいっても必ず帰ってくるといわれています。 今日も元気に無事に帰ってきますようにと願いをこめて。
3、カンノンチク（観音竹）	A	＊泥棒避けになるとも。また、花はとてもよい香がします。芳香剤の代用とて。

虎の尾とポトスの寄せ植え

＜リビング、こども部屋に＞

エコプランツ	除去物質	効能、いいつたえ
1、ベンジャミン	A、K、H	＊ガジュマルの親戚。一家団欒の部屋にはうってつけ。
2、幸福の木（ドラセナ フレグランス）	H、K、A	＊リビングの中に置いて下さい。火事を防ぐとか。花は良い香がします。
3、ポトス	A、H、K、B	部屋の中でやさしい空気をかもしだすポトス
4、アイビー ポトスとアイビー	H、A、T	＊愛情いっぱいの家ではよく育ちます。高いところから流れるように栽培している家には良妻がいるとか。悪い気を防ぎ、自分の地盤を整えたい人に。

050

インドアプランツ
Indoor Plant

5、	インドゴムノキ	H、K、A、B	＊テレビやオーディオの傍に置くと、有益な情報をゲットできる。林の中にいるようなやすらぎを与えてくれる。
6、	グリーンネックレス	H、T、A	＊お金を置いてある所におくといい。
7、	虎の尾（サンセベリア）	H	
8、	タマシダ	A、K、H	
9、	パキラ	H	土の代りに水とガラスでおしゃれに演出したパキラ ＊5本の指で幸せをゲット？　天使が舞い降りる木。
10、	クロトン	H	＊もし、東側に窓があれば東においてください。太陽ととても相性のいい植物で、沖縄では昔から庭の東側に植えたとか。アガリティダ（昇る太陽）の知恵をもらう、といわれています。
11、	スパティフィラム	H、K、A	
12、	胡蝶蘭（ファレノプシス）	K	＊シンプルに小さな鉢でいいんです。よく咲く家はかかあ天下が多いという。

＜寝室に＞ 他の植物と違い夜酸素を放出する。

1、	虎の尾（サンセベリア）	H
2、	アロエベラ	K

＜床の間に＞

1、	万年竹	H	ミニダチビンと万年竹
2、	虎の尾（サンセベリア）	H	

＜テレビやパソコンの隣に＞　マイナスイオンを放出

虎の尾、アロエベラ、さぼてん
　＊サボテンは人の心を読み取るといわれています。サボテンを好む人は、今、孤独か人間関係で悩んでいる人、別の自分を探している人や人と違うものを好む人が多いとか。マイナスイオンのために一鉢置いている人は別ですが、サボテンをたくさん買う友人がいたら心にとめておいてあげて下さい。

ベランダには、以上の植物の組み合わせや、ハーブ、果樹などの寄せ植えでも排気ガス除去効果はあります。また、洗濯物を干す場所に香りのある花木やハーブを植えて虫避けだけではなく、かおりを移したりして楽しむのもいいかも。

★観葉植物は生きています。たまには太陽にあてるために、外に出して下さい。また、部屋のなかでも、風通しのよい、日当たりのいい場所を選んでおいて下さい。
★土よりもセラミスのような室内用の清潔な植え込み材を使用するとなお安心です。また、竹炭や炭をおくとパワーアップします。

051

家の裏 01
Back-yard

芭蕉布の村と言われる大宜味村のバショウ畑

バナナの実

芭蕉布で作られたコサージュ

芭蕉布でも有名
【バショウ科】
バショウ (芭蕉)

🌱 多年草草木。熱帯原産で1m以上にもなる大型の葉をもつ草。バナナも仲間で実芭蕉という。芭蕉布は糸芭蕉で織られる。

　親株が倒れてからしか子株が出てこないので、縁起が悪いとされ、表には植えないようにといわれている。南国の雰囲気をかもし出すにはピッタリだが、とにかく大きくなるので、敷地外の広い場所が適している。
　人を寄せ付けない植物だとも言われ、電話のそばに置いたら、電話をかけてきた人とやたらとケンカになったとか、人が訪ねてこなくなったとかという話がある。お店などの場合は、店の前に置くと、客足がにぶってしまうなど、置き場所には注意が必要。

052

家の裏	02
	Back-yard

万能薬として愛される

【バラ科】
ビワ
方言名／ビワ

🌱 バラ科常緑中高木。大正末期から昭和初期、沖縄での最初の栽培が行われたといわれる。真冬に白い花を咲かせ、初夏に黄色の甘い実を成らせます。形状は楽器の琵琶に似ている。

　ビワの木は、葉から根まで全てに薬効があるとされ、特に葉は「無憂扇（むゆうせん）」と呼ばれ万能薬としても伝えられ、沖縄でも古くから薬として大切にされてきた。ただし、葉や枝をもらいに病人が集まるので、縁起の悪い木だとされ敷地内に植えるのを避ける面もある。

| 家の裏 | 03 Back-yard |

【ザクロ科】ザクロ
方言名／ザクル

子宝を授ける木

魔 嘉

🌱 半落葉。花は八重咲きと一重咲があり、色は赤、白、しぼりがある。9月頃から実がつき始める。昔は根は回虫、なかでもサナダムシの駆除薬として使われていた。熟した果実は甘酸っぱく、清涼感がある、血止めとしてヨモギと一緒に煎じると効果的。

　子宝を授け守り、魔よけの役もするといわれ別名「吉祥果」という。一時ザクロに女性ホルモン（エストロゲン）が含まれており、女性の美容と健康によいともてはやされた。
　そもそも、若い実の形状が子宮に似ていることから子宝の樹となったといわれている。昔、ある女性が次々と産まれた子どもが死んでしまい、悲しみくれていた。しかし家族が魔よけにザクロを植えたら、その後生まれた子はみんな元気に育ったという話があり、子宝を守る魔よけの木として大切にされてきた。

鬼子母神とザクロ

　仏教の話では「鬼子母神」という女の神がいて、500人の子を産んだそうだ。自分の子はことのほかかわいがっていたが、人間の子どもをとらえては食べていた。そこで人々の苦しみを知った釈迦が、鬼子母神の末子を隠してしまった。気が狂ったように末子を探した鬼子母神に、釈迦は「500人もいるのだから1人くらいいいではないか」というと、鬼子母神は「1人でも欠けると寂しい、悲しい」と涙した。そこで釈迦は「人間は1人2人しか子を産まないのに、その大事な子をお前は食べていたんだぞ。人間の親の気持ちがわかっただろう」と論した。鬼子母神は心より改心し、子どもが帰ったら人間の子を食べるのをやめ、そのかわりに、人々の子を守りますと誓った。釈迦は「今後人を食べたくなったらザクロを食べよ」と諭したという。

家の裏 04
Back-yard

金運がつく クガニ（黄金）

【ミカン科】
ヒラミレモン
【シークヮーシャー】

方言名／シークヮーシャー、クガニ

沖縄を原産とする小果の柑橘。弱酸性土壌を好む。そうか病、エカオムシ、カイガラムシ、ミカンハモグリカに注意。生育が極めて旺盛で、若木のうちは直立で着果が不安定であるが、成木になるにしたがって、枝を横に張り、着果も多くなる。初夏、薫り高い白い花が咲き、秋に実がなる。未熟の酸味の強い青い実は芭蕉布をさらすのに用いる。薬用としても利用される。シーは酸、クヮーシャーは食べさせるの意。

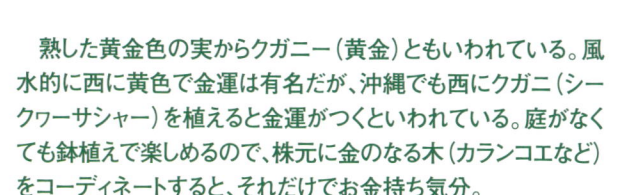

レモン同様、魚に含まれる重金属を解毒するので、刺身にたっぷりかけていただいても。

熟した黄金色の実からクガニー（黄金）ともいわれている。風水的に西に黄色で金運は有名だが、沖縄でも西にクガニ（シークヮーサャー）を植えると金運がつくといわれている。庭がなくても鉢植えで楽しめるので、株元に金のなる木（カランコエなど）をコーディネートすると、それだけでお金持ち気分。

糖尿病に効くノビチレン
糖尿病に効果のあるノビチレン（血糖の上昇や高血圧を抑制する）が高濃度に含まれていることから全国的に注目されている。体にも運勢的にもいいものなので自家栽培して無農薬、とれたてを食べてほしい。また、土質に大きく左右されることもあるので注意。育ちが悪い場合は島尻マージを混ぜてみては。

街路樹・公園　01
Street trees and park

高さ10m〜15mの高さになる常緑高木。屋久島、種子島が分布北限。琉球列島、熱帯アジア、オーストラリアまで広く分布。石灰岩地帯に生育し、幹や枝から多数の気根を下垂させ、地中に入ると支柱根となり四方に広がって大きな樹冠を形成する。名護の「ヒンプンガジマル」が有名。材は漆器の素地、葉は緑肥、樹皮は薬用となる。他の木に発芽した芽は気根を出し、寄主をおおうように枝葉をのばし、絞め殺して大木となる（絞殺現象）。

ガジュマルは大木になるので、公園や広い場所によく植えられている。敷地に植える場合、家の基礎を割ったりするので、家から離して植えるほうがよい。ただガジュマルが家にあると子や孫が「ウヤファーフジウムイングヮ（親思い、祖先思いの子）」になるともいわれるので、盆栽仕立てのガジュマルがお勧め。

聖/魔　キジムナーが住む聖木

【クワ科】
ガジュマル
方言名：ガジマル

ガジュマルの盆栽

キジムナーが住む木
ガジュマルの木にはキジムナー（ガジュマルの精霊）が宿ると言われている。キジムナーは夜な夜ないたずらをするので、キジムナーが宿らないよう釘を幹に打ち込む慣わしがあった。隣で寝ている人がうなされているときはキジムナーにおそわれていることが多いので、おしりをたたいてあげるといい。

名護のヒンプンガジマルは樹齢300年の大木。

街路樹・公園　02
Street trees and park

抗がん成分に注目

【センダン科】
センダン
方言名／シンダン

センダン科の落葉高木。高さ5〜15mにも達する。3月頃、芳香のあるうす紫色の花を咲かせ、秋には2cmほどの楕円形の実をつける。木は公園、街路樹として利用される。

広葉樹の中でも成長が遅く、材は軽くて耐久性があることから、娘が生まれると嫁入り道具のタンスを作るために植えられた。樹皮にフリペルテノイドが含まれ、駆虫剤、殺虫剤として利用されてきた。

最近沖縄本島北部に自生するセンダンの木から「RE―110」という抗がん成分の抽出に成功し話題となっている。これは沖縄の土壌で育ったセンダンに含まれる成分で注目されている。

街路樹・公園　03
Street trees and park

甘酸っぱい実が
たわわに

【クワ科】
シマグワ
方言名／クヮーギ

常緑中高木。葉は光沢があり卵形。暗赤色の実は多汁で甘い。屋久島が北限で琉球列島と台湾に分布。九州以北東の栽培種はヤマグワ（落葉性）が主体でシマグワと近似種。

　葉は養蚕用として利用されていた。葉根は利尿、鎮痛剤として薬用、実はジャムや果実酒などに加工されている。
　材は重宝されるが、大木はめったには入手できない。大株になると地中の古株はそのまま置物となり雷の時のまじない「クヮーギヌシチャ（桑木の下）」と通じ、家のお守りとしてかざられる。

059

街路樹・公園　04
Street trees and park

聖
魔
嘉

花が多い年は
台風の当たり年？

【マメ科】
デイゴ
方言名／アカヨーラ

▼15m以上の大木となる落葉樹。インド原産で実生、繁殖は挿し木による。葉が出る前の3～5月ごろに咲く赤紅色の花は見事で、沖縄の県花（昭和42年2月7日選定）に指定されている。沖縄3大名花としても知られている。土は石灰岩土壌だとより生育がよい。街路樹、公園の緑陰樹として植えられているが、庭木としては大木になるので、広い敷地を必要とする。

伝統工芸、特に漆器などの素材に使われる。また天気占いにもよく出てくる。例えば、デイゴの花が多く美しく咲くと大型台風が多い年、葉がよく茂る年は大風が吹くといわれている。

060

街路樹・公園　05
Street trees and park

魔　広い緑陰が魅力

【シクシン科】
コバテイシ（別名　モモタマナ）
【クワディーサ】
方言名／クワディーサ

高さ25mにもなる高木。石灰岩質土壌を好む。タイワンキトクガ、コシロモンドクガの食害をうけやすい。海岸地帯に多く自生しているが、葉が大きく枝も横に広がる性質をもつことから緑陰樹として駐車場や公園などにも植えられている。葉は茶系の染料にもなる。

高木になり横に広がることもあり、敷地内に植えるのは避けられる。また、お墓などによく植えられており、人の泣き声を聞いて成長するとも言われている。

屋慶名のモモタマナ
屋慶名のモモタマナは枝ぶりが見事で有名である。昔屋慶名村は屋部と呼ばれていたが度重なる火災に村人達が「焼けないように」と願って、「屋部」から「屋慶名」（やけな）という地名に改名したと言われる。また離島に渡る舟を待つ人たちが屋慶名の番所のクワディサーの緑陰で世間話をしたという。ほのぼのとした昔話も残る。
屋慶名　こはてこの　首里にあたらまし
　　　　おれが下なが　茶屋のたたなまし

061

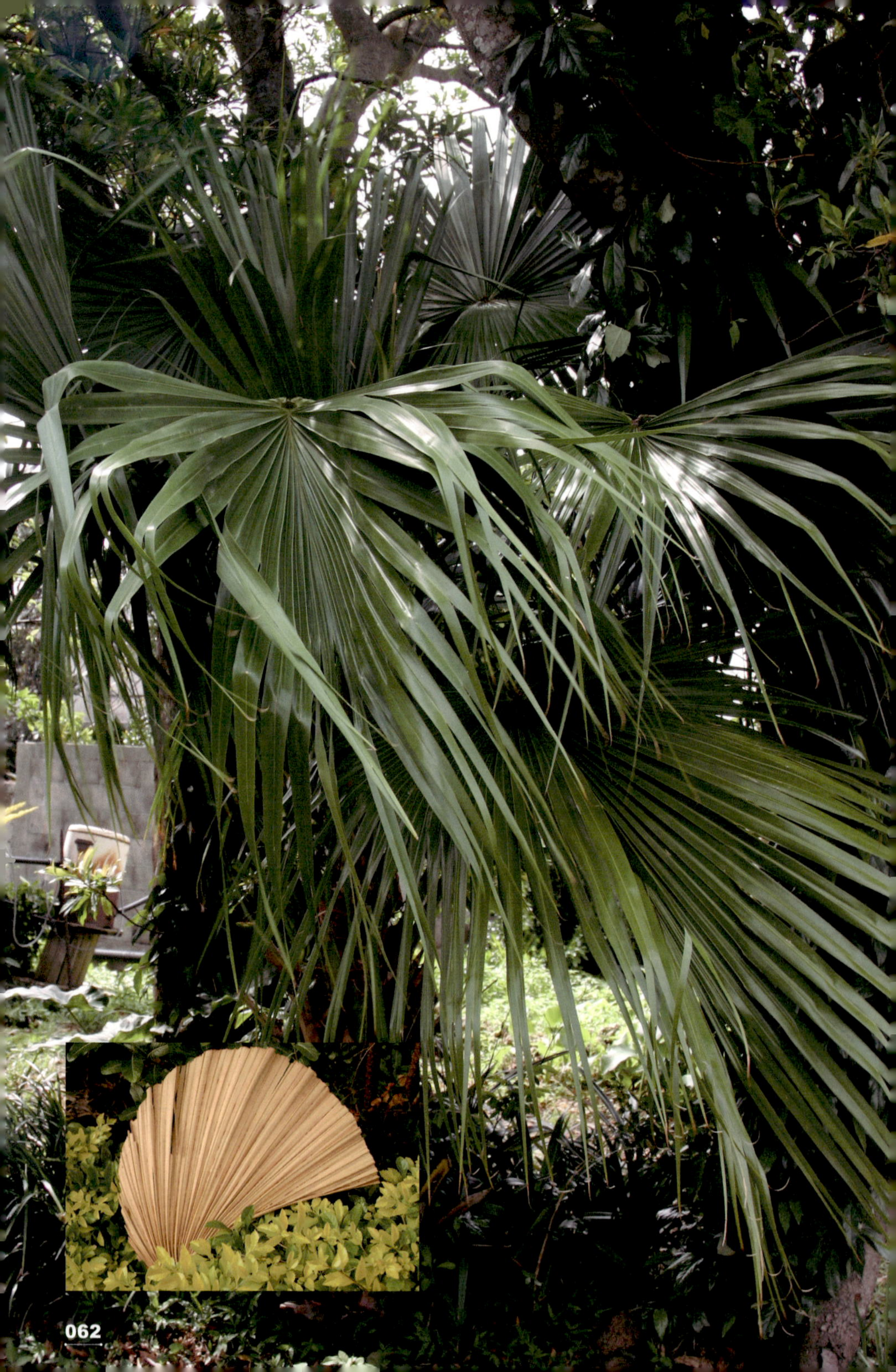

御嶽の植物	01
	Plant of Utaki

堅くて大きな葉でクバガサ(笠)上、クバオージ(扇)左頁、などが作られる。クバ笠をかぶると良い知恵をもらえるという話を聞いたことがある。

魔　嘉　聖

天の神が伝って下りてくる

【ヤシ科】
ビロウ
【クバ】
方言名／クバ

クバの葉で作ったうつわ

🌱 高さ15メートルに達する常緑高木。放射状の1〜2メートルの大きな葉で、花は3〜4月に咲き、独特な香りがある。果実は11〜12月に熟する。緑化木として植栽されるワシントンヤシモドキに似ている。土壌は石灰岩質土壌が適している。

ニライカナイからの五穀の種子

太古、ニライカナイより五穀の種子の入った白いつぼが久高島の伊敷浜へ流れ着いた。愛護の姥が取ろうとすれば波にのって退き、手をひけば近寄ってくる。これは何か重大ないわくがあるのだろうと沐浴し、身を清め、白衣に包み再び浜に入ると、不思議なことにすすんで袖にのった。壺の中には麦、粟、キビ、扁豆、クバ、アザサ、シキヨの七色の種子が入っていた。麦は春、粟、キビ、扁豆は夏、クバは天をつき、アザサ、シキヨは繁茂し、深い森となって君真物の神が出現した。

33回忌の終わった霊は神になると言われ、位牌の代わりにクバオージを両手にかざすようにおいた。

神木として、天の神が高いビロウを伝って地上へ下りると信じられている。方言名のクバは久高島の「クボー御嶽」の語源でもある。沖縄各地の御嶽、拝所でよく見られるが、敷地内へ植えるのは避けられていた。

063

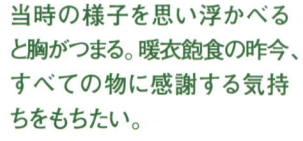

御嶽の植物 02
Plant of Utaki

【タコノキ科】
アダン

海辺で目にするタコノキ

聖
魔

3～5mになる亜熱帯性常緑小高木。多くは海岸に生育する。革質で鋭いとげをもつ。葉はむしろやぞうり、帽子の材料になる。木はかつて王府の奨励により、海岸の防潮林などに用いられた。パイナップルに似た実は熟すると黄赤色になりヤシガニが好んで食べる。旧盆には仏壇に供えられた。排水のよいアルカリ土壌を好む。敷地内にはあまり植えられない。

アダンの木根が多く出る年は雨が多く、作物は豊作といわれた。昔は口減らしのため、海岸沿いのアダン林にお年寄りを置き去りにしたところもあったという。子や孫のためとは言え、どんな思いで天からの迎えを待っていたのだろう。

子供が悪い霊に触れ心身に異常が生じるようなことを「イチャイカジ」にあたるという。そのような時出たジンマシンや吹出物（ハジョーラー）には、アダンゾーリを火であぶってさすった。ハジョーラーは夜になると出て、病院にいくとひどくなり、一週間ぐらいつづくという。

当時の様子を思い浮かべると胸がつまる。暖衣飽食の昨今、すべての物に感謝する気持ちをもちたい。

御嶽の植物 03
Plant of Utaki

葉や実が利用されてきた
【ソテツ科】
ソテツ

聖 魔

　海岸地に生える雄雌異株の常緑低木。熱帯・亜熱帯に分布し、一属58種ある。中生代（約二億年前）より存在した種。海岸、岩礁地、低地の原野、特に石灰岩地帯に多く自生。幹の表面は堅そうだが中は柔らかい。生葉は緑肥、枯れ葉は燃料となる。蘇鉄の名は、株が弱ったら鉄釘を根元の土中に差し込むか、鉄くずを土中に埋めると蘇ることから来ている。

　那覇や首里のお年よりはソテツは金を吸うので、貧乏になるといい、敷地内に植えるのを嫌う。本島北部では体に原因不明のできもの（神ガサ）ができると、針や金属でつぶすとよけいに悪くなり、ソテツのトゲで膿を出すと、とたんによくなると伝えられている。

ソテツの実

久米島宇根の大ソテツ

ソテツ地獄
　大正末期〜昭和初期、台風や旱ばつのため飢饉においちり、その上、世界恐慌のあおりもうけ、食料に困窮し米はもちろん芋さえ口にできずにいた時代、ソテツの幹や実を加工し、飢えをしのいだ。実にはサイロシンという毒があり、実を発酵させ水で洗い十分に除毒をしなければ中毒を起こす。それでもソテツの実を食べなければならなかった状況を、ソテツ地獄といった。現在でもソテツで団子や菓子、餅、みそ、しょうゆが作られている。

065

御嶽の植物 04
Plant of Utaki

クロツグ 【マーニ】
【ヤシ科】
方言名／マーニ

繊維で黒縄が作られた

聖
魔

常緑低木。半日陰を好み、土壌はとくに選ばないが石灰岩地域に多い。病気はほとんどみられない。茎の高さは3～5mにもなり、幹は葉柄が腐ってできた黒い繊維で密に覆われており、結束用の縄やほうき等に利用される。花は強い芳香がある。実は径2センチ程で橙赤色に熟す。

　幹を覆っている黒い繊維は水に強く、くさりにくいことから、園芸用や海で使う網などの材料にもなった。また葉は雨乞いの儀式にも用いられる。

066

御嶽の植物 05
Plant of Utaki

聖 魔

いつの間にか生えている植物

【チャセンシダ科】
オオタニワタリ
方言名／ヤマガシャ、ヒラムシル

常緑性シダ植物。根茎から大型の葉が放射状に広がる。半日陰を好み、湿度が高く、腐食質の多い石垣のくぼみにたまった落ち葉がたまった所などの水はけのいいところが適している。1mにもなる大きな葉は古くから食物を盛ったり、包むのに使われた。八重山では新葉を煮物のあしらい等に使うが最近では収穫量が減り、高級食材となっている。

お金持ちの家から株が移ってきたオオタニワタリは金徳を持ってくるそうだ。だが貧しい家から移ってくると貧しさも移ってきてさびれてくるという。苦しみを分かち合うと言えば美しいが、近隣の影響を受けるのはちょっと嫌な感じ。「うちが貧しいのは隣から飛んできたオオタニワタリのせいよ」とオオタニワタリのせいにして逃げる口実にはちょうどいいかも。

沖縄 ⚠ 気をつけてね植物
Dangerous plant in Okinawa

オキナワキョウチクトウ
サンゴジュ
リュウキュウガキ
ルリハコベ
イジュ

　これらはみな有毒植物。例えば、オキナワキョウチクトウは公園でよくみられる木だ。方言名は「ミーフックワ」。乳白色の樹液が目に入ると、腫れることから由来しているという。遠足できた児童がお弁当にお箸を忘れオキナワキョウチクトウの枝を箸かわりに使い中毒を起こしたという事故もあり気をつけたい木だ。
　そんな樹木達だが、沖縄の先人らは上手に利用してた。ササと呼び（酒の意味）魚毒植物として魚を捕る際につかっていた。（魚毒植物とは、毒性のある植物を水中にいれ魚を捕る方法）現在では自然保護の観点からも行なわれておらず、また、法律によって禁止されていますので絶対に行なわないで下さい。その他、魚毒植物を海や川にいれると水が汚れ、竜神が怒り、その汚れを洗い浄めるため雨を降らせると伝えられ、雨乞いの儀式にも用いられた。

オキナワキョウチクトウの実

オキナワキョウチクトウの花

リュウキュウガキ

琉球ガーデン、
それは私たちの身のまわりにある庭

070

沖縄の伝統的な庭

沖縄古来の庭から学ぶことも多いはず。ここでは伝統的な庭をのぞいてみましょう。

琉球王国の庭

　沖縄の庭というと、トロピカルな庭を連想されるかもしれません。かつて沖縄は「琉球王国」として独立した国を形成し、日本をはじめ、中国など様々な国と交流がありました。その中で外国の文化をうけいれながらも琉球王国の文化として鮮やかに独自の文化に発展させてきたのです。

　庭にしても、琉球王朝時代の1800年代にはすでに「ニワアタイ」（庭師）「ハナアタイ」（園芸師）の言葉が使われており、この頃には琉球造園法が確立されてきたと考えられます。

　沖縄でも本土と同じく庭は、ある身分以上の人たちしか造る事を許されず、王族、按司（アジ）、親方（ウェーカタ）、親雲上（ペーチン）、里之主（サトゥヌシ）、筑登之（チクドゥン）といった位の高い役職の人にしか庭を造る事は認められませんでした。また、庭の大きさも位により厳しく決められており、石垣島の宮良殿内は規定の大きさをこえて造られたため、2度も改善命令が出され縮小したといいます。

　一般民衆の庭は「ナー」（庭）と呼ばれ、住居の前にある広場の事を意味し、主に農作業をすることに使われていました。

19世紀初期の屋敷構えが今に残る中城村の中村家

琉球古庭園を訪ねて

今に残る琉球庭園

　残念ながら、現在、琉球庭園として残っている古庭はほとんどありません。識名園も戦災によって壊滅的なダメージを受け、今見る事のできるのは復元されたものです。わずかに残っていた首里の古い庭も姿を消しつつあります。ただ一ヵ所、戦前の姿をそのままとどめている庭がありますが、個人の庭園であるため公にはされていません。先の戦がなければ首里の町は世界屈指の風情ある城下町であったことでしょう。

　その首里の庭園は、元々王様の休息のために設けられた屋敷で、識名園と同じ池泉廻遊庭園です。自然に溶け込んだ様から、悠久の時とは、庭をこのように成長させるものかと、時空をこえ先人の緻密な作庭法に敬服するばかりです。

　敷地の立地条件を上手にいかし自然と調和した、いささかも人工的な感じがせず、私たちが普段目にしている南国情緒あふれるトロピカルなイメージはみじんもありません。生長している水墨画という観でしょうか。樹木に目をやると、大きなしだれ梅

古い石の灯篭や石垣が今も残る。

が2本、池の上と芝庭をおおうように枝を垂らし、この庭の歴史をうかがいしることができます。梅の葉は水や空気をきれいにするといわれますが、こうしたことから池のほとりに植えたのでしょうか。かつて、識名園にも池の東側に梅林があり春にはお茶会が催されていたといいます。琉歌にも梅は度々でてくるので不思議なことではありません。

　梅の他に桜（ちゅらさくら）松、ヒラミレモン（シークヮーサー）、桃、ツツジ、フクギ、リュウキュウコクタン、ゲッキツ、サンダンカ、オオゴチョウ、クロトン、ハス、シノブ、ソテツ等が植えられ、単調な常緑樹のなかにめぐる季節の花の色がとりこまれているようです。特にどの木が名木というものではなく、お互い引き立てあっているところが謙虚な沖縄人らしい庭ではないでしょうか。

池泉廻遊庭園。池には睡蓮、中島にはリュウキュウマツが植えられている。

石灰岩を積み上げる

　また、琉球造園の特徴の一つ、石組みですが、小さな石灰岩を巧みに積み上げ大きな岩にしたてあげている「くゎーしあげ」工法（組み合わせの意味）があります。間にいくつかの洞くつに似た

穴をつくっていきます。そもそも沖縄には、中国の流れを汲む神仙蓬莱信仰のような考えがあったらしく、仙人が住む不老不死の山をイメージし石を組み、その穴には徳が集まり、仙人が住むとされていたようです。今でも、年輩の方は穴のあいた石は徳を集めると好む人もいます。隆山式という石組みは今まさに霧がゆらめき立つ山に仙人を見る、そんな雰囲気のある石組みです。＜古美(ふるび)る美しさ＞を大事にしていきたいです。

　琉球造園でつかわれる石灰岩や珊瑚の砂利はマイナスイオンを多く放出し、多孔質構造から水質浄化にすぐれていることや表面温度の上昇を抑える効果が現代科学でも立証されており、また、石組みは、セメントのない時代、やんばる赤土と石灰を混ぜたもので石を接着していったといいます。まったく、先人達の知恵の深さには感心するばかりです。

　他の沖縄の古庭にも、梅、桃、桜、サンユウカ、サンダンカ、ゲッキツの多い事に驚きます。琉球の庭は香りの庭であったことに昔人の心ゆたかさを感じ、うれしくなります。

白梅にメジロ

いくつかの岩を積み上げて大きな岩のように見せる

073

これが沖縄の伝統的な庭

　最近では自由に家や庭が作られていますが、沖縄の伝統的な庭の配置はこの様になっていました。

　敷地囲いは生垣で、門は南面で門扉はありません。門の前にヒンプンを設け、門→ヒンプン→仏壇の中心は一直線に結べるようになっています。

　庭（ナー）の右（東）にアシャギ（離れ座敷）、左（西）に井戸、納屋と家畜小屋を線で結んだように配置します。母屋の前面は庭（ナー）と呼ばれる作業所でもあり、客をもてなす場でもある多目的広場です。

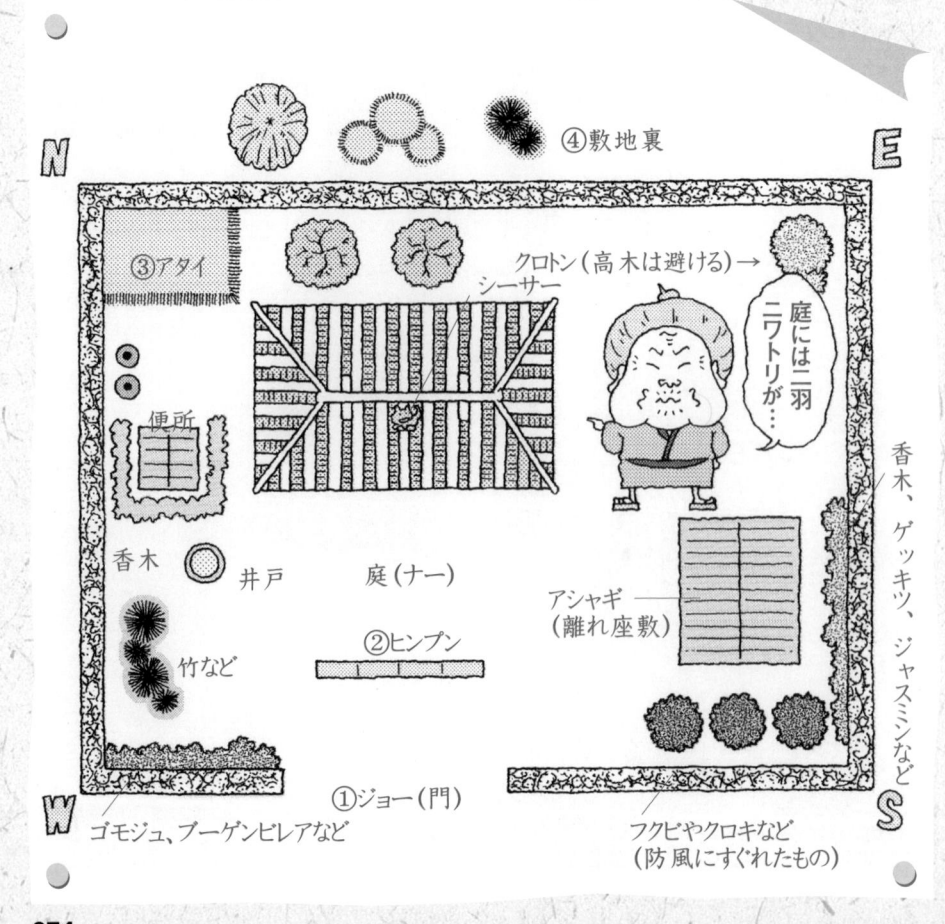

④敷地裏

③アタイ

クロトン（高木は避ける）→
シーサー

庭には二羽ニワトリが…

便所

香木

井戸

庭（ナー）

②ヒンプン

アシャギ
（離れ座敷）

竹など

香木、ゲッキツ、ジャスミンなど

①ジョー（門）

ゴモジュ、ブーゲンビレアなど

フクピやクロキなど
（防風にすぐれたもの）

ヤージョー（識名園）

伊是名村の銘苅殿内（国指定重要文化財）のヒンプン

①ジョー（門）

敷地の外構えにめぐらされた壁や垣の一部に人が出入りできるように開かれたところ。門だけでなく、ヒンプンにいたるまでの導入部分を含めて呼びます。

また、瓦屋根のある門のことをヤージョウ（屋門）といいます。中央部に観音開きの門があり、脇門に通用口を設けた屋根は両流れの切妻型、本瓦葺き。王府時代には制限があり御殿、殿内以外には作られませんでした。

②ヒンプン

敷地の正面の門と母屋の間の屏風状の土塀。外部からの視線をさえぎるための目かくし。魔は地をはうように直進してくるので悪霊を防ぐという役割にもなっています。

③アタイ（家庭菜園）

敷地内にある野菜畑。自給自足を目的とし、おもに家の裏側と左右に設けました。炊事をしながら利用できる近さにあり、大根、人参、シマナー、ネギ類、豆類を植えました。盛り土で高くして水はけがよくなるように工夫されていました。

④敷地裏

聖木であるソテツ、ビロウ（クバ）は、敷地外でしかも裏に植えられています。これらは、より神の存在を近くするものであり、敷地内は人が住むことで汚れていると考えられていたためでした。また裏に植えるのはサーダカ生まれ（※1）の感受性の高い子どもがカミダーリ（※2）になることを避けるためだともいわれています。

※1　霊力の高い生まれ、霊的に感じやすい人。
※2　神からのメッセージを受け、原因不明の病気になったり、心身に異常が現れること。

カメ（瓶）の置き場所

最近、オブジェとして庭や家の中に大きなカメを飾っているお宅をよくみかけます。でも、玄関先や東、南方には水の入るカメなどは置かないほうがいいそうです。

家相を見てもらった時に、玄関脇のカメを「すぐにかたづけなさい」と言われました。私のいやしい魂胆を見破ったのか、「これで、お金が入ると思ってるでしょ」「はい、あっ、いえ」しどろもどろの私に「玄関先や、アガリ（東方）やウマヌファ（南方）に瓶などの水を入れるものは置かんでね。お金どころか子供達、特に長男に、縁談がなくなるよ―。床の間にもクース（古酒）の瓶あるでしょ。あれは、クサティ（家の後ろ）に置いて、床の間は清潔にして何も置かないでよ。花や葉っぱを置いてきれいにするのは上等。風と光りが床の間の栄養だから」。鶴の一声で我が家の床の間のクース達も、すべて後方（北方〜北西）に追いやられ、床の間は今、万年竹がすくすくとそだっています。

おきなわの魔よけアイテム

シーサー

　すっかり沖縄の顔となったシーサー。最近ではサンシン片手に満面笑み顔や酒カメを抱いた和み系シーサーまでてキャラクター化していますが、元々はお守りアイテムなのです。

　17世紀末、東風平町富盛の集落で火事が相次ぎ、困った村びとは風水師に対処を依頼しました。風水師は原因は近くにある八重瀬嶽が火山（ヒーザン）であり災難をもたらせていると判断し、八重瀬嶽にむけて石造りのシーサーをおけば火の災難から避けられるとしました。これが功を奏したのか、村は火事の難から脱したと伝えられています。こうして村の守り神から各家々まで波及し、屋根に一体ずつ置くようになりました。顔だけのシーサーは家屋が体となり家人を守るとか、向きは風水的に悪い方角にむける、山やグスク、門に向けて魔ものが入らないように置くなどと進化しました。屋根の漆喰シーサーはムーチーゼーク（瓦屋根職人）が屋根をふき終えたあと、施主へ家の発展と健康を願って製作したといいます。棟梁クラスの人が敷地や構造、門の位置、方位をみながら作ったといわれ、屋根のシーサーを見るだけで作った職人の気質と技術を伺いしることができ、家を建てる際の職人選びの参考にもしたといいます。

　昨今の家はRC住宅が多く、シーサーをのせる屋根が少なくなったためか門柱に一対で見かけるようになりました。口のあいている方が男で、閉じている方が女との説明をよく耳にしますが、それを聞くにつれ狛犬化してしまった観も否めません。時代の流れや建造物の変遷でシーサーも変化していくのかもしれません。

石敢當

　沖縄の道路上でよくみかける石敢當。本土からの観光客から「変わった表札」とか「同じ地名が多いですね」とか不思議がられるあの石は、中国各地の他、シンガポール、フィリピン、など東アジアに分布し、日本でも青森県から沖縄までみる魔よけグッズです。表札にまちがわれるのも、古来『石敢當』という勇猛な武将がおり、その名で悪霊や邪気を払うようになったという説があります。そもそも沖縄では、古来より石には不思議な霊力があると信じられており、石敢當の由来との相乗効果で、なおいっそう、除災招福のパワーアップをはかったのではと思います。沖縄では、邪気や悪霊はまっすぐにしか進めず、T字路の突き当たりでまともに邪気がぶつかる家や、道路の突き当たり、門前、四つ角、集落の入り口、橋のたもとなどに置かれます。

石の効力

　「石敢當」と書いてなくても、石そのものに魔よけ効果があります。

　石にまつわるこんな話もあります。ある住宅街で事故が多発する道路がありました。見通しのいい直線道路なのに、週に1～2度も事故があるので、住人らは習わしの通り石敢當を置きましたが、事故は後を絶ちませんでした。そこで、古老に相談したところ、「石敢當に寄せられて魔物が集まってくることがある。そんな時は、沖縄では石敢當とは書かずに大きな石だけを置くんだよ」と教えられ、その通りにした所事故はピタっとおさまったといいます。

石の魔よけ

諸見里剛さんの迫力あるシーサー

上等 沖縄グッズセレクトしました

勝手に

●これで安心『魔よけアイテム』
漆喰シーサーの「ゆしびん」　諸見里　剛氏

　廃材の瓦などをリサイクルして作るシーサーは今人気上昇中。いかつい顔から少しとぼけた表情の顔など種類は豊富。自分に似ているシーサーを選ぶのもたのしいかも。諸見里さんのシーサーは悪をこらしめるより善い物に改心させるシーサーって感じ。諸見里さんのほんわかしたところがgood。

Shop
「やちむんカフェゆしびん」
☎098(964)6926

ほんわかした諸見里さんが作っています

店内にはとぼけた表情のシーサーたちがいっぱい

●初心者だって作れます
「ビバーチェ」　伊是名　淳氏

　小さなものなら短時間で作れるので、親子合作の思いでいっぱいシーサーに挑戦してみては？　家の守りにする本格的なシーサーを御希望な方も伊是名さんの指導のもと週に1回のペースで4ヶ月もあればできちゃいます。コースはいろいろ。スケジュールに合わせてチャレンジしてみては。オシャレなカフェも併設してます。

Shop
「ビバーチェ」
☎098(887)6600

迫力あるシーサー

一番人気のユーモアシーサー

シーサー作りを指導してくれる伊是名さん

●先人たちの知恵袋
竹炭の「あんしん農園のわ〜が竹炭」　新地　修氏

　炭はバーベキューに使うものと思ってませんか？実は空気や水を浄化し臭いまで消してくれる優れものです。あの、黒い物質に無数の穴が空いており、そこに有益な菌が繁殖することで電気もガスもいらないうえ、人気のマイナスイオンもだすエコな環境クリーングッズです。あんしん農園さんの炭はたたくと金属音がする上質なもの。特に竹炭に関してはこだわりの品です。この本で紹介した炭粉は要連絡で。

Shop
あんしん農園「わ〜が竹炭」
☎090(9780)5143

●履く漢方薬？
琉球下駄の「彩庵」　シマダジロウ氏

　沖縄の間伐材や民家で切り倒された木を無駄にはしたくないという発想からはじまったというのも惹き付けた。県産木にこだわり、体に悪い塗料は一切使用せず、そのうえ、色のバリエーションも豊富。デザインだっておしゃれ。抗癌剤でスポットを浴びたせんだん、沖縄産にしかでないという7色の木目が美しい楠、県木のデイゴ等。それぞれの木の風合いも楽しい。

Shop
「手づくり工房　彩庵」
☎0980(54)0154

天井に沖縄の土が使われている工房にて。沖縄の土は採れるところでこんなに色が違うと目を輝かせて話す島田さん

センダンの木で作られた下駄

七色の木目が美しい楠、鼻緒もかわいい。

●シンプルがキーワード
「クラフ陶　スタジオK's」　陶芸家　宮城　勝一郎氏

　沖縄の町並みになじむライト。白い砂浜のような肌触りからこもれ出す光りは疲れて帰宅する家人を最初にうけとめてくれるそんなライトです。本来は室内用なので、外灯に使う際には防水などの工夫が必要。沖縄だから生まれるこのぬくもり。季節によって表情が変わるように見えてくるから不思議です。

Shop
「クラフト陶　スタジオk's」
☎098(948)3662

●伝統とモダンが融合する
「yokang」(ヨーカン)　山内カンナさん

　伝統とモダンが融合するふしぎな雰囲気の服は、着る人を選ばない。沖縄伝統の紅型と現代アートのクリエーターの夫・田中洋氏の影響によるものだろうか。琉球紅型で描かれたブーゲンビリアやサガリバナなど植物柄は存在感がある。

Shop
「yokang」
☎098(831)5674

ブーゲンビリア柄のベストとハイビスカス柄のスカート

サガリバナ柄のパンツ

079

●オリジナル作品で庭や家に個性を

鉄筋アートの英天　「英天」

　沖縄にも鉄筋でアートする芸術家がいる。英天さんの手にかかれば鉄筋が美しいハイビスカスが踊る門扉になったり、ひまわりがのびる鉄柵になったりと意表をつく作品ばかり。味気ないコンクリートの塀だっておしゃれなランドリースペースに。これで狭い所でも楽しく家事ができるし、洗濯物を取り込めばポップなオブジェに変身。

真剣な表情の英天さん

Shop
「英天STYLE
（えいしんスタイル）」
☎098（854）8298

コンクリートの塀に鉄筋でワンポイント、竿をかけてランドリースペースに。

場所にあったデザインを考えてくれる

●オキナワンミックスで味わう
　自分だけの落ち着き空間

クバランプ　「スタジオ　ゆい」　小川京子さん

　ビロウ（クバ）ってこんな出番を待っていたのね、と思わせる逸品。やさしい光でつつまれたら心までほっこり癒されます。沖縄でクバの使い道って扇か冠りものって思ってただけに小川さんのランプで洋風な生活にも違和感なく溶け込めることを知ってうれしくなりました。クバは神が宿る聖木。クバの葉を通して注がれる光はきっとあなたの心にやさしくかたりかけるはず。

Shop
「スタジオ　ゆい」　☎098（948）1008

やさしい光のクバランプ

II 実践ガーデニング

さあ、ガーデニングをはじめようという時、気になる土や肥料、病気のことまで基本的なことから裏技まで紹介します。

土づくり

肥料

堆肥

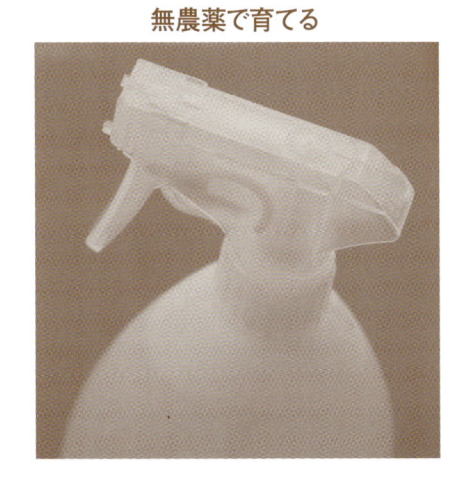

無農薬で育てる

1 土づくり

●よい土って？

植物が元気なら虫も病気もよりつきません。虫も病気もなければ当然農薬なんていらないのです。健康な植物は良い土から。では、良い土ってどんな土？

1 通気性がよい。

根も酸素を吸って二酸化炭素を出しています。土がつぶれ詰まってしまうと酸素が吸えず窒息をおこします。これが根ぐされの原因になります。このような場合は、通気性をよくするために腐葉土を入れましょう。

2 排水性がよい。

新鮮な水には酸素の多い空気が含まれており、水やりの際には、古い空気を追い出すつもりでたっぷり与えることが大切です。しかし、水はけの悪い所では古い水が停滞し水根腐れをおこします。改善策として、鉢の場合、底にゴロ石をいれます。ゴロ石のかわりに炭を入れると有用微生物が増え鉢内を浄化してくれるとされています。庭であれば、腐葉土やパーライト（真珠岩を細かく砕いて高温高圧で処理したもの）などをすき込みます。

3 保水性、保肥性がよい。

適度に水分を含んでいるのがよく、また、肥料を保持する力も必要です。液体肥料だけだと水と共に流出してしまう量が多いので植え付けの際は必ず元肥として肥料を施しましょう。

4 弱酸性が良い（pH5.5〜6.5）。

植物によって酸度の好き嫌いがありますが、一般に弱酸性の土が良いとされています。沖縄の土は酸性の土が多く、また、弱酸性に調節した土でも近頃の酸性雨の

◇酸性土壌の土壌改良

① オオバコが生えるのは酸性土壌の印です。

② 酸性土壌にはコケなども生えてきます。

ために酸性化しているおそれもあるので一度調べてみるのもいいでしょう。計器を用いなくてもオオバコや、スギナなどが生えていれば酸性に傾いている目安です。弱酸性に向けるには石灰や草木灰、竹炭粉を少しずつ混ぜながら調整します（右写真参照）。ただし、石灰は堆肥や肥料と一緒に入れると窒素成分がアンモニア化し気化しますので2週間以上たってから堆肥や肥料を入れてください。

※ 酸性土壌って何？
　土壌は水素イオン濃度の値により酸性・中性・アルカリ性に分けられます。中性はph7.0の値で示され、数値が7.0より低い場合は酸性、高い場合はアルカリ性です。

③ 酸性土壌の部分の土を耕します。

5　清潔で混入物がない。
　土中に化学物質などがふくまれていると、土壌汚染→地下水汚染→海洋汚染につながり、問題になることもしばしばです。このようなことは、いずれ人間にもどってきますので避けなければなりません。他にも、土の中には病原菌や害虫また、ガラス片や金属片も混ざっていることもあります。これらをきれいにとりのぞいてから植物を植えましょう。室内に取り込む植物は、セラミス（室内栽培用土）などの清潔で、洗えばなんどでも再生できる物を選びましょう。

④ そこに石灰や草木灰あるいは竹炭粉をいれます。（注・石灰を使うときは、同時に肥料は入れない）

6　有機物をほどよく含む。
　有機物は土を活性化させ、土の団粒化を促します。（土の粒子がだんご状にくっついた状態。）隙間をつくり、新鮮な空気と水を通し健康な根をつくります。また、植物に有益な菌を育て、活発にします。その上、濃い肥料を誤って施しても緩衝機能として働き急激な土の変化を和らげます。

7　適度な重さがある。
　根は植物体を支える大事な土台です。土が軽い場合風が吹くとグラグラし、その度に根が動くので根張りが悪くなります。反対に重すぎると通気が悪くなり根の生育に悪影響をおよぼします。

⑤ よく混ぜて完了

沖縄の土壌

GARDEN●COLUMN

沖縄の代表的な3つの土壌

1、ジャーガル
　沖縄本島の中・南部、宮古群島および久米島等の平坦地や緩やかな傾斜地にあります。土色は一般に灰色か青灰色で、弱アルカリ性かアルカリ性を示します。

2、島尻マージ（しまじりまーじ）
　沖縄本島中・南部、宮古群島、石垣島、久米島の平坦な地にあります。土色は赤褐色か黄褐色で、中性か弱アルカリ性を示しますが、地域によっては強酸性を示すものもあります。

3、国頭マージ（くにがみまーじ）
　沖縄本島の中・北部、石垣島、西表島、久米島、与那国島などの傾斜地や段丘地にあります。土色は鮮やかな赤褐色から黄褐色で、強酸性土壌となっています。

●**酸性土壌を好んで生育する酸性植物**
　ツバキ科やツツジ科は強い酸性を示す国頭マージに適しています。

沖縄県の
主な土壌
■ 国頭マージ
□ ジャーガル
■ 島尻マージ

久米島　慶良間列島　伊平屋島　伊是名島　宮古島　西表島　石垣島　与那国島

国営沖縄記念公園　熱帯・亜熱帯都市緑化植物園「みどりと友だち通信」より

◇古いプランターの土を再利用する

① プランターの土をバットに出し、石や根などゴミを取り除く。

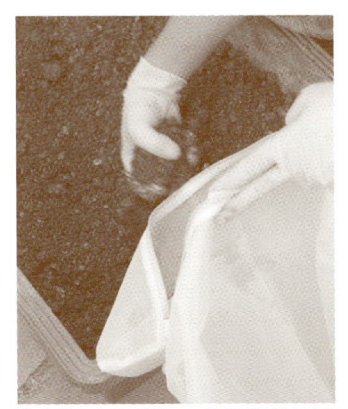

② 洗濯ネット（100円ショップなどで購入）に土を入れる

③ ネットの上から熱湯をかけ、消毒を行う。

④ そのまま天日に干し、さらに消毒をする。

⑤ 十分に消毒したらまたバットにとる。

⑥ 竹炭と腐葉土を土に入れ、かき混ぜる。

⑦ 団粒状になるまでかき混ぜる。

② 堆肥(たいひ)

　この本では、「堆肥」は、よい土をつくり植物にとって良いすみかをつくるためのもので、「肥料」は、植物の食事と考えて分類しています。
　堆肥は腐葉土と同様に土をふかふかにし、土壌を改良するのにとても重要な働きをします。肥料成分もわずかに入っていますが、十分な効果は期待できませんので肥料は別に施します。堆肥と肥料を一緒にまぜるとよりよい土になります。ただし、未熟な堆肥は土の中で発熱するため、植物に悪影響をあたえます。堆肥を施してから1、2週間たってから種や苗を植え付けた方が無難でしょう。市販品には未熟なものがあるので品質には注意しましょう。
　堆肥には、バーク(樹皮を発酵させたもの)や、わらなどの植物性堆肥と牛糞や豚糞などの動物糞性堆肥があります。バーク堆肥の繊維で土壌改良をし、有機肥料で栄養分を補給することをおすすめします。

●腐葉土を作ろう

　腐葉土は土をふかふかにしてくれる土の肥料です。沖縄は年間を通して気温が高く常緑樹でも早く分解が進み完熟させれば、良質な腐葉土ができます。恵まれた環境を利用して自家製腐葉土をつくりませんか。

ポイント1　松、コニファー等の針葉樹、ささ類は分解に時間がかかる上に有害物質を出し、根に障害を与えることもあるので避けてください!

ポイント2　よく堆肥化させるには①十分な空気　②適度な水分、③適度な温度が必要です。

①葉と油かすと土を交互に重ねる。
②重ねた上から水をかける。
③足で踏み、圧縮する(空気抜き)。
④雨がかからないようにし、夏は1ヶ月、冬は2ヶ月で腐葉土ができる。

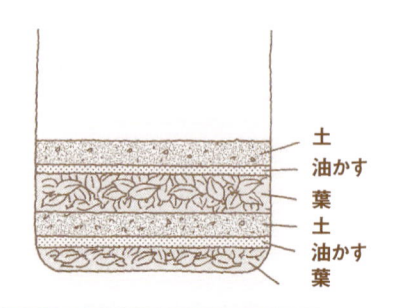

土
油かす
葉
土
油かす
葉

◇ミミズで堆肥

　我が家では北側の庭の隅に大きめの鉢を置き、その中に落ち葉と土、ごく少量の油かす、竹炭のみじんを交互にかさね、十分湿らせたあとミミズを入れています。そのまま放っておくと、ミミズが腐食質の土を食べてできた糞がたまってきます。このミミズの糞が庭の土をふかふかで、しかも栄養価の高い土にしてくれるミミズ堆肥となります。時々、庭掃除の際にでた、落ち葉を投入して、新鮮な空気を入れる目的も兼ねかき混ぜています。まるまる太ったミミズは、もう立派な我が家のペットの一員です。

　なぜ、ミミズ?
1) 臭くない。
2) 電気もいらないので経済的。
3) 栄養たっぷりの土になり、しかもバクテリアや微生物が増え、肥料やけの心配もない。

　こうしてできた我が家の土では果物は甘く、野菜はアクがないうえに、香り高く育ち、楽しませてくれています。さらに、植物自体が元気に育つので、病気や虫に悩まされたこともなく、完全無農薬で安心して食べることができます。これがキッチンガーデンにはまるきっかけとなりました。

① 庭の北側に置かれた壺には網の蓋をしてあります。

② 中にはミミズが入っています。(ぶくぶくして、かわいい!)

③ 時々かき混ぜるだけ。(ミミズに気をつけて)

生ゴミ処理機

GARDEN●COLUMN

　最近はゴミの減量化が注目され、生ゴミを堆肥にする様々な方法が話題になるようになりました。各メーカーからも多種多様な生ゴミ処理機が販売され、また自治体からも補助金が出る所もあり、身近な家電製品になりました。生ゴミ処理機には大別して二通りあり、微生物による分解方式と乾燥方式があります。

方式	メリット	デメリット
微生物方式	よく腐熟させれば堆肥として使用できる	チップ代がかかる
乾燥方式	生ゴミの減量化に有効 臭いがない	堆肥として使う場合そのままでは根やけを起こすのでさらに微生物分解が必要

　堆肥として使うには、微生物方式を使用し、生ゴミの中の野菜くずや果物の皮の残留農薬や食品からの残留塩分を、水でよく洗い流し、しっかり水切りして投入してください。腐熟がうまくいかないと悪臭がでたり、虫が発生したりと逆に植物を弱らせる原因となります。また、悪臭や虫の発生は近隣に迷惑をかけることになりますので、くれぐれもご注意下さい。

GARDEN●COLUMN

腐葉土に注意！（レジオネラ　ロングビーチ）

　国内で園芸用に市販されている腐葉土に肺炎を引き起こすタイプのレジオネラ菌が検出された。と琉球大学医学部第一内科のグループが1999年に発表した。レジオネラ菌は自然界の土壌や水中に生息する細菌の一種で、健康な体であれば、発症は稀で、抵抗力の弱い赤ちゃんや高齢者、病気治療中の人が感染しやすいとされている。（日和見感染）

　国内では空調用冷却機、加湿器、循環式24時間風呂等からレジオネラ菌に感染し、犠牲者を出していたが、1996年造園業者（50代男性）がレジオネラ肺炎の原因菌『レジオネラ　ロングビーチ』により死亡した。感染源は不明だが同大では腐葉土が原因の可能性もあるとみて調べを進めている。この菌は、オーストラリアでは腐葉土から多く検出されており、被害者はオーストラリア、日本だけでなくアメリカからも報告されている。ヨーロッパでは一般に腐葉土の利用は少なく泥炭（ピート）を使用することが通常なのでロングビーチの感染例が少ないのではないかといわれている。ガーデニングはストレス社会で疲れきった現代人の心を癒してくれる大切なもの。ロングビーチのためにガーデニングを遠ざけるのではなく正しい知識を持ち、安全にガーデニングを楽しんでほしいです。

ロングビーチから身を守るには、

1、マスクをしてガーデニングをする（日焼け予防にもいいかも）
2、腐葉土の袋をあけるときには静かにあけ、紫外線にあてるなど消毒をしてから使用する。
3、手袋をして直接ふれず、作業後は必ず石鹸で手を洗い、うがいをする。
4、つり鉢や高い所においた鉢は一度下に下ろして水やりをする。
5、70℃だと5秒、60℃だと5分で死ぬので十分に発酵した完熟腐葉土を使用する。
6、自家製の腐葉土にしてもレジオネラ菌は土中にもともといる菌なので注意する。
7、化学農薬や化学肥料の多用で土壌菌のバランスを崩さない。
8、室内に持ち込む鉢にはインドア用の園芸用材を使う。

◇竹炭で土を生き返らせる

　庭中に竹炭を置いて、竹炭のみじんをすき込んでみましょう。竹炭は草木灰の数倍のミネラルを含んでいるといわれています。また無数の孔があいていて、そこに有用な微生物や菌が繁殖し、臭いを防ぐとともに余剰な肥料分を吸収し、土を若返らせます。またみじんを鋤きこむことで団粒化を促進し、通気性・保水性のよい土にしてくれます。

　庭に竹炭を置くだけでも効果があります。

3 肥料

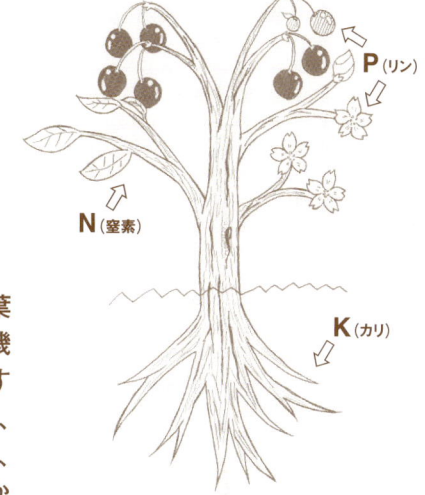

自然界では動物の糞や死骸、落ち葉などが微生物によって分解され無機物になって植物に吸収されていきますが、家庭では、清掃により片付けられ、そのサイクルが成立しません。また、鉢植えではかぎられたスペースでしか根を伸ばすことができないので養分を探すために自由に根をはることができません。こうした環境のなかで植物を育てるには人工的に養分を補うことが大切です。

肥料3大成分

1、窒素（N）　葉や茎をつくり、養分の吸収を促進する。葉肥え。
2、リン（P）　葉や茎の伸長を促進し開花や結実を促す。花肥え、実肥え。
3、カリ（K）　病害虫に対して、抵抗力をつける。根肥え。

● 肥料の種類

1　有機質肥料（天然物）

植物や動物など天然素材を原料としたもの。そのままでは、吸収されにくいため微生物の力で発酵分解して吸収されます。ゆっくりマイルドに長期間効き、その上、様々な有効成分もふくんでいるので土壌の改善にも役立ちます。肥料やけも少ないので安心して使えます。

例　油かす（窒素）骨粉（リン）草木灰（カリ）

① 有機質肥料の油かす

② 有機質肥料の草木灰

2　化成肥料（化学合成物）

　無機物を原料として化学合成でつくられたもの。固形タイプ、液体タイプがあります。水に溶けると、すぐに、吸収され速効性がありますが、高濃度で施すとかえって根を傷めてしまうため使用量は注意書きをよく読み気をつけて使いましょう。手を汚さず、臭いがなく、速効性があるので室内の植物をベランダでの利用には便利です。

●肥料は大事

　沖縄では、年中肥料をやらなくてはならないと、化成肥料を大量に買い込みせっせと鋤き込んでいる姿をよく見かけます。実際、私の周りでも肥料やけを起こしたり病害虫にやられたり、連作障害で苗が枯れたりとトラブルを起こしてガーデニングは難しいとぼやく方が多くいます。見た所、花々が咲き乱れている庭が好みという方がそのような傾向にあり、暑い沖縄でたくさん咲いてくれてありがとう！　のお礼肥のつもりだと思います。植物を愛する方ならではのやさしい心づかいなのでしょう。

　化成肥料は、施したそばから効果をあらわすほど速効性のある肥料で、科学的に植物がすぐに吸収できるようになっています。それを何度も高濃度で施されては植物もたまったものではありません。人間だって、ステーキ、すき焼き、とんかつ、てんぷら、カレーと続けば胃やけするのと同じです。植物は肥料やけを起こしだんだんとしょげていきます。

　有機質肥料は、微生物により分解されてから吸収されていくので効果があらわれるまで時間がかかります。効果がゆっくりなので庭木などの長期にわたり生育していく植物や野菜や花など何度も植え替えをする土壌には有機質肥料を施した方が無難でしょう。有機質肥料はカルシウムやマグネシウムなどの微量要素をも含んでおりバクテリアの活動を活発にし、土を活性化します。バクテリアがいる土はミミズも元気に活動しています。肥料やけの心配のない有機質肥料をおすすめします。有機質肥料を施す際に、一緒に堆肥を混ぜると土がふかふかになりバクテリアも活発になり連作障害の予防にもなります。

●施肥の方法

元肥
　植物を植え付ける際や種まきの前に、植物の生育に必要な栄養分として施します。元肥は生育期間長期に効果を発揮する有機質肥料と堆肥を混ぜたものがよいでしょう。

追肥
　元肥がきれた場合や生育が旺盛な植物にほどこします。液体肥料を薄めて使ったりします。

芽出し肥、お礼肥
　新芽の時期に丈夫な芽をつくるために、また、花や実が終わり体力を消耗した植物にお礼として施します。

寒肥
　冬の寒さに向かい、落葉植物が休眠期にはいったら施します。寒い時期に有機質肥料と堆肥をいれておけば、バクテリアが分解し春になり根が動き出す頃、いい状態に分解された肥料分が吸収され勢いのある新芽が吹き出します。時間をかけてバクテリアが活性化させているので春のスタートで差をつけるテクニックです。また、気温が低いのでにおいや虫を気にする事もなくできます。沖縄では、12月後半、気温が落ちてから施す方がいいといわれています。
　この時期の沖縄の常緑樹は、活発ではないけど休眠しているわけでもない、いわばうとうと状態です。寒肥する際に根を傷つけては、春からの生育に障害がでないとはいいきれません。落葉樹と違い、冬も根は起きていると心得て傷をつけないように気をつけて施して下さい。

寒肥の施し方

①先のとがった杭を準備をする。
②横に広がった枝の先端の下が根の先端です。根の先端に施すのが効果的ですので樹冠はよく観察して下さい。

③場所が決まれば、杭や棒で深さ20〜30cmのところまで打ち込みます。

④そこに、肥料（油かす）と堆肥をいれ土をかぶせます。株の周囲に施しましょう。

◇家庭でできる植物活力液

　元気な植物なら病気も虫も寄り付きません。農薬で病気を手当てするより、日々の手入れで元気な植物を育てましょう。我が家秘伝の活力液の作り方を御紹介します。

＜準備するもの＞

1、光を通さない壺
（梅干しや塩をいれていた壺）金属やガラスは適当ではありません。
2、重し
（石がない場合ビニールに水を入れたものや、缶づめで代用）
3、習字紙
（ふたにつかいますが空気の通りのいい紙がおすすめ）
4、紐、中敷用の月桃の葉
（なければビニール）
5、ざる、さいばし、色のついたビン。

＜材料＞

1、植物の新芽
（ハーブや野菜の間引き苗や、わき芽）お薦めは、よもぎや発芽力旺盛な木の新芽です。ワカメやアーサもつかえます。
2、黒砂糖
（採取した新芽の半分の量）

1. 壺
2. おもし　水　or　缶詰など
3. 習字紙
4. 中敷用　ビニール　or　月桃の葉
5. さいばし
6. 色のついたビン
7. ざる、輪ゴム、ひも

間引き苗
新芽
わき芽
海藻　アーサ　ワカメ
黒砂糖

<作り方>
発酵のもとになる微生物が重要なので材料は洗わないように。長い材料は手で切りナイフやはさみは使わないで下さい。

黒砂糖 / **葉** / **黒砂糖** / **葉**

1、壺に新芽を敷き、その上に黒砂糖をかさねます。このように地層をつくるように重ねていきます。

空気をぬく / **黒砂糖**

2、材料が混ざらないようにおさえながら空気をぬき、最後は黒砂糖で覆います。

おもし / **ビニール**

3、つけおわったら、月桃の葉（かびが発生しにくい）かビニールで中敷をしおもしを置きます。

習字紙 / **ひもかゴム**

4、習字紙でふたをし紐でしばります。冷暗所に置き、動かさない様に気をつけて下さい。

おもしはとる / **24時間**

5、丸1日おいたら、重しをとり再び習字紙でふたをします。時々ようすを見て、ういてる葉はさいばしで沈めます。

はしで材料をとり出す

6、1週間ほどで、果実酒のような臭いがしてきたらできあがりです。

ざる

7、かすをさいばしでとりだし、ざるにあげますが、もったいないからといってしぼらないでください。にごりがでて腐敗がはじまります。

ふたは習字紙で保存

8、ビンなどにうつしたあとは、密封しないで冷暗所に置きます。早めに使いましょう。

おばぁも飲んでみたいさぁ

ほっほっ…

093

＜使い方＞
　害虫を殺すような農薬ではありません。弱った植物や苗を丈夫に育てる活力剤のような物です。台風で弱った苗木が元気に回復したり、庭木の葉が厚くつやつやになり農薬を使用しなくても病害虫に悩まされなくなります。また、花の発色がよくなり、実付きもよく甘味もまします。
① 200倍～1000倍にうすめます。
② そのまま根元にかけます。
③ 葉にはスプレーでふきかけます。
④ なるべく午前中にかけて下さい。

◇油かす液肥の作り方

　液肥は効果が早く現れるので追肥として利用しましょう。ただし、油かすを発酵させるので臭いはきついです。室内での使用は避け、屋外での使用も近隣の方の迷惑にならない様細心の注意をはらいましょう。この液肥は植物をいきいきさせてくれます。

油かす1：水10

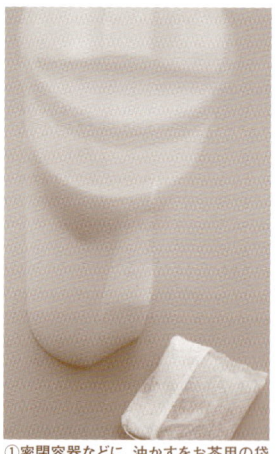

①密閉容器などに、油かすをお茶用の袋にいれてその10倍の水を入れ1週間程ねかせ発酵させる。

②その上澄み液をまた10倍にうすめる。

③そのまま根元にかけたり、スプレー容器で葉にかけたりして使用する。

石灰質肥料

　貝殻などを乾燥させ粉にしたもの。根を育てるカルシウム肥料。酸性土壌を中和する作用を持っている。苦土石灰、消石灰など。家庭でも、牡蠣の殻やさざえの殻をからからに焼きハンマーなどで粉ごなにして利用できます。

バーベキュウの後に

　バーベキュウのあとにでた、灰は草木灰のようにつかえます。なるべく、草や木そして貝やさんご等をいれてください。

　草木灰はカリやリン酸を含む肥料で土壌の酸度を中和するのにも用います。草木灰は葉に直接撒くと蝶やウリハエを寄せつけず病気に強い株にするといわれています。

　草木灰はカリやリン酸を含む肥料で土壌の酸度を中和するのにも用います。草木灰は葉に直接撒くと蝶やウリバエを寄せつけず病気に強い株にするといわれています。

●緑肥（天然の肥料）

　植物を植えるだけでもある程度土はよくなるといわれていますが、葉や茎を畑の表面に敷いたり、土に鋤き込んだりして養分にすることをいいます。植物線維で土壌改良し有機質の補給にも役立ちます。

　私たち沖縄の祖先は古くからやせた土地をいかに肥えさせるかいろいろと試行錯誤してきました。琉球王朝時代の文献にも、大豆や緑豆、そら豆を食用としてはもちろん、収穫後に茎、葉を緑肥として鋤きこんだとあります。

　草木の葉や茎を青草のまま土に鋤き込み、作物の肥料とする。沖縄緑肥植物としては、大豆、富貴豆、そら豆、クロタリア、オオハマボウ、ソウシジュ、ガジュマル、ソテツ、ホテイアオイ、ヒマワリ、アフリカントールマリーゴールド、クローバーなどがあります。

　また、肥料木・改良木〈根に根粒をもち、落枝葉には窒素含有量が多く、痩せた土地の改良に利用されるもの〉としてはソウシジュ（相思樹）、ヤマモモ、モクマオウなどがあります。

　化成肥料をつくるには、窒素ガスに数百℃の高温と数百気圧の高圧が必要ですが豆科の植物は常温常圧で有機化（固定化）します。豆科の植物の根には根粒菌という菌が棲息し土中の空気などの窒素を固定し植物に供給しています。この根粒は植物によっても形がちがいます。最近では緑肥にヒマワリを利用する所が増えてきましたが、ヒマワリは豆科ではありませんので窒素の固定

緑肥として有効なソウシジュ

化はしません。菌こん菌という土中のリン酸を吸収する糸状菌をもち植物に供給しているのです。畑であれば土面を覆うことで赤土の流出にも貢献しヒマワリを植えることで美しい景観をつくり出すことにもなり新しい観光スポットもうまれるかもしれません。

　このように、化成肥料を使わずに肥料効果、植物繊維により土壌改良を行ないその上、除草剤のかわりにアレロパシー（植物がだす天然の化学成分により他の植物の生育を阻害すること）で雑草を除去していく。こうして先人がつくってきた沖縄の田畑はまさに遺産であり大切にしたいもの。緑肥はこれからおおいに使いたいものです。

ソウシジュ　春には黄色い花が咲く。

ひまわり

④ 無農薬で育てる

　亜熱帯性気候の沖縄では植物の生長が早く、ガーデニングを楽しむにはめぐまれた環境と言えますが、一方、高温多湿の気候ゆえに年中病害虫が元気に活動しています。病害虫からの被害をなくすには、化学農薬を使うと一発で撃退できますが、やはり、口にいれる大切な食物や子ども達が触れる庭木には使いたくありません。また、環境保護の面からも化学農薬に頼らず身の周りにある自然のもので病害虫から植物を守ってみましょう。

　自然のもので安全に病害虫を防除するには、食品や植物の抽出液などを利用します。化学農薬のように病害虫のみでなく益虫までも殺してしまうのではなく、被害をほどほどにおさえればよいという考えのもとに使用すれば、多少の穴あき野菜も形の悪い野菜も安全な植物の証と思えばいいのではないでしょうか。キズのある野菜には自から自然治癒力高めようとする力があり、おいしさも増すという説もあります。

　早期発見がポイントなので日頃から植物をこまめに観察するよう心掛けましょう。

●今、評判の撃退法

1、ネットでトンネル栽培

　苗に寒冷紗や不織布をトンネル状にかけます。ネット目が細かいほど効果があります。

2、穀物酢（合成酢を除く）

　25〜50倍に薄めて使います。石鹸を少しけずりいれると流出するのをふせぎます。我が家では後に紹介する他の液とまぜて使います。病害虫よけなら米酢、活力液なら酢や黒酢を。わざわざ買う必要はなく、台所にあるものでいいのです。ウドンコ病の予防にも効果がありますが、鉄やコンクリート、石灰岩石についたら水で洗い流して下さい。

3、コーヒーやお茶

余ったコーヒーや古いインスタントコーヒーでかまいません。濃ければ濃い程効果があるようです。ハダニに有効です。幼い頃祖母が、冷めたお茶をよく庭にまいていました。おばあちゃんの知恵だったのですね。

4、コーレーグース（とうがらしの泡盛漬け）

庭にシマトウガラシを1本植え、実がまだ青いうちに収穫し泡盛につけます。最低1週間は寝かせて下さい。青虫、アブラムシ、ハダニ、カイガラムシなど広範囲に有効です。また、シマトウガラシはコンパニオンプランツ（次項参照）としても活躍します。

5、にんにく液

にんにくを泡盛につけ最低1週間置きます。単独ではハムシやハダニに効果がありますが、コーレーグースと混ぜることで効果が倍増します。これもコンパニオンプランツとして庭に一本あるだけで虫を寄せつけにくくします。

6、ビール

なめくじ退治としても有名です。缶ビールをなめくじが潜んでいるような所に一晩おいてみてください。翌朝には、缶のなかでなめくじが溺死しています。正味期限の切れたビールや飲み残しでも十分効果はあります。ただ、なめくじ入りビールを誤って飲まないようにくれぐれも御注意下さい。

7、草木灰（そうもくばい）

以前は焼き畑の風景を沖縄でも見かけましたが、今では、見かけなくなりました。焼き畑は土のなかの病害虫の卵や病原菌を熱で殺してしまうとともに、雑草の根や種も焼き払い、その灰は病原菌を寄せつけない効果があります。昔話の花咲かじいさんはここからでた話かも。今は焼き畑ができなくても、DIYセンターへ行けば、草木灰は購入することができます。草木灰をまくことで葉をアルカリ性に傾け病原菌をよせつけません。石灰の代用としても

カリ分やリンを多く含むので花付きや実付きをよくします。また、枯れかかった植物にも効果があり、ウリバエ、アブラムシ、モザイク病、立ち枯れ病にも有効といわれています。ただし、酸性土壌を好む、サツキやツツジ、ブルーベリーにはむきません。また肥料や堆肥と一緒に入れないようにして下さい。

8、その他

たばこのエキスや木酢液も話題になっていますが、トマトはニコチンを散布するとウイルス病になりますし、ニコチンを食べるものに散布することへ抵抗を感じる人もいると思います。木酢液もタールを含み粗悪なものには有害成分も含まれるという説もあり、使用に際しては注意が必要です。

このようにざっとあげてみても、昔の人がやってきたことばかり。化学薬品による環境汚染が危惧されはじめて、ようやく見直されてきた知恵です。温故知新でもう一度試してみませんか。

ただし未熟な堆肥を使い、蟯虫や感染症をおこしては何の意味もありません。排泄物を堆肥や肥料として使用しない、ガーデニング後の手洗いは爪の中、指紋の中まできれいに洗うなど、注意してください。土いじりをする場合、清潔な操作を心掛けて下さい。

●コンパニオンプランツ

他の植物へよい影響をもたらす物質を出す特定の植物のことをいいます。沖縄ではウコン（うっちん）やヨモギ、甘草、アロエ、ニンニク、ネギ、ニラなどで、ネギやニラ、ニンニクは根の表面にある微生物が土壌病原菌を溶かし、一緒に植えることで病気や害虫の被害が減少していきます。一方、キャベツやブロッコリーなどのあぶらな科とネギ、ニラと大根は相性が悪いので気をつけましょう。

また、マリーゴールドはネグサレセンチュウの被害をなくすというのは有名ですが、大形のマリーゴールド（アフリカントール）のことです。大根の病気予防に植え付け前

に植え、3ヶ月栽培し、土にすき込み完全に分解してから大根を植え付けます。これで、かなりの被害がくい止められます。

ポイント1
植え付ける際は互いの根が絡まるぐらい近くに植えます。
ポイント2
ハーブは、においで害虫を遠ざけたり、また、一緒に植えた植物の風味をましたりします。
例）
バジル×トマト　生育を促し、コナジラミを防ぐ
ミント×キャベツ　蝶、ハエ、ネズミが臭いをきらう
ねぎ×全般　ゾウムシやネズミがきらうので畑のまわりに植える
ナスタチウム×トマト、果実類、花き類　アブラムシやありの侵入を防ぐ

●連作障害

　連作とは、同じ土壌に同じ科の植物を続けて栽培することです。同じ性質を持っているため、根からの分泌物も吸収する栄養分も似ているので土の中の栄養分が偏ったり、土中の病原菌がふえたりして障害をおこします。例えば、ペチュニアはナス科なのでペチュニアを栽培した土でなすを栽培すると連作障害がでます。また、なすと一緒にペチュニアを植えると生育が悪くなったり、枯れてしまうこともあるので組み合わせには気をつけましょう。
以下は連作をきらう野菜です。

1、サヤエンドウは一度つくると4〜5年はつくれません。
2、ナス、トマト、ソラマメ、サトイモは3〜4年
3、レタス、ハクサイ、イチゴは2年
4、ホウレンソウ、カブ、インゲンマメは1年を目安にして下さい。

　カボチャは連作障害が出にくいと言われていますが、連作するとウドンコ病になりやすいように思います。連作障害を避けるには、性質の違う植物を計画的につくる輪作の方法や耐病性のある苗、つぎ木苗を選ぶのもよいで

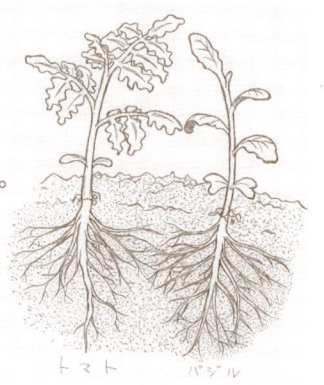

トマトはできたら3〜4年あけて作りましょう。

しょう。また、連作障害は土の疲労からくることもあり、そんな時は緑肥植物を植える、石灰質肥料や堆肥を入れることで防ぐこともできます。

●自己流ガーデナーの裏技大公開

ベランダ栽培

　ベランダやテラスなどで植物を栽培すると、やたらに目がいき水をあげすぎて根腐れさせてしまうことも多いのではないでしょうか。その一方でベランダは目がよく届くので病害虫を早期発見でき、風通しが良いので植物にとって暑い沖縄でも熱がこもらずよい環境だといえます。土の入れ替えが簡単で鉢も何度も使える鉢栽培の裏技を紹介します。

　ラン栽培用の穴あき鉢にネットを敷き、底に小石か炭を入れ土を半分いれます。その上に苗を入れ、残りの土で苗を固定させます。最後に水をかけます。鉢に穴が空いているので、空気の通りが良く根のしっかりした株になります。根が元気だと株全体が元気になり、病害虫もよせつけません。また、ハーブをこの裏技で栽培すると香高くよい株に育ちます。トマトは甘い実がたくさんつくようになります。実りをたのしんだ後の土はネットごと引き抜き黒いビニール袋にいれて1ヶ月ほど日にさらし消毒して再利用します。手や周りを汚さず土も鉢も再利用できる裏技です。

　それでも、虫が心配な方は、上の方法で仕立てた鉢植えに株の周りを囲うようにキラキラペーパーをのせ土でおさえて小石で重しをします。（キラキラペーパーは鉢の口径より2まわり小さくし、水やりのスペースをあける）植物の病気はアブラムシなどの虫が媒介します。アブラムシはキラキラしたものがきらいらしく寄り付かなくなります。

　ベランダで植物を栽培する際は、落下しないよう注意することはもちろん、階下の住人に水がかかったり、非常口をふさぐように鉢をならべることはやめましょう。まわりへの心遣いも大切です。

準備するもの
1、ラン栽培用の穴あき鉢。大きさは植物に準ずる。
2、ネット（風よけネット、遮光ネットを2重にする、なければ古ストッキング。土がもれなければなんでもよいが、カビが発生するものはさける）
3、土
4、植物の苗
5、小石か炭

以下は、病害虫避けのためのもの。
8、反射するキラキラペーパー。（花屋でラッピングに使う金色のペーパーか、アルミホイル）
9、1をおさえる小石など

キラキラペーパーでアブラムシ除けになります。

土はネットごと引き抜けます。

病害虫を追い払え

　沖縄でのガーデニングは虫との戦い。潮風が心地いいわ！　と思いながらふっと植物に目をやると、カイガラムシがびっしり!!　とか、アリがふえたね　と行列をたどれば茎にぎっしりアブラムシ。そうそう、キュウリやカボチャはウドンコ病があたりまえって聞いたっけ。
　そこで、いろいろ試した結果が以下の通りです。

ウドンコ病

　カボチャやキュウリ、バラなどのウドンコ病にはコーレーグースを100倍に希釈した液をコットンに浸しふきとる。作業中、くしゃみが止まらなかったり、目に入ってしまうと涙が止まらなくなりますので、マスクをつけて作業するとよいでしょう。
　もっとひどいウドンコ病にはうがい用のイソジンガーグルを2倍に薄めコットンに浸しふきとります。消毒用アルコールやヒビテン（消毒液）でも試しましたが、色がぬけたり葉が縮れたりして不向きのようです。これは、あくまでも葉や茎に使用し、口に入れる実には避けたほうがいいと思います。

アブラムシ、カイガラムシ、カメムシ、毛虫

　センダンエキス、月桃エキスが効果あります。これらが嫌いな人には、ラベンダーオイル、ティートリーオイルがおすすめ。スプレーしてもいいし、コットンに含ませて拭き取ってもいいです。オイルを含ませたコットンを株元に置くと虫がよってきません。香りも楽しめて一石二鳥です。やはり、天然エッセンシャルオイルを使いましょう。

アリ

　鉢植えの蟻よけに鉢に輪ゴムをする。また、ガムテープの糊面を表にして巻き、粘着させてつかまえる。
　殺虫剤を使わなくても、身近なもので虫をさける方法です。いずれも、即効性にかけますが続ける事で虫がよらなくなります。一番の方法は健全な株をつくることにつきます。

●上手な水やり

　鉢植えの水やりは、鉢の土が乾いてからが基本です。表面の土の乾き具合や、湿りがないようでしたら、底穴から水が出てくるまで水やりをして下さい。その時は古い空気と水を追い出すつもりで株全体にかけましょう。また、葉の裏は忘れがちですが、隠れている虫を発見することもありますので虫を洗い流すよう植物も洗ってあげましょう。葉ダニの予防に効果的です。

　庭木には、雨水がかかるので毎日の水やりは必要ありませんが、夏は月に1～2回は水やりをかねて樹全体を洗って下さい。沖縄は、潮風が強く、排気ガスで葉がいたみがちです。水やりは、始めに葉を洗うように勢いよく全体にかけ、その後株元にかけますが、水量の目安は大きめのバケツ4～5杯程度にたっぷり水をやります。新しい水や空気を送ることは根の成長に重要です。しかし、かける水が少ないと表面にしか水分がないので根は水をもとめて地表面に根を発達させ土中深く根がもぐっていきません。根は大きな株を支える大事な役目もありますので頻繁な水やりはかえって樹のバランスをくずしてしまうので注意しましょう。

　水やりは、鉢、庭木とも早朝がいいのですが、水やりとは別に沖縄の夏は暑く、期間も長いので、夕方に熱気をはらうために葉に水をさっとかけてあげると植物も喜ぶでしょう。

　また、沖縄は台風が多く、塩分をたっぷり含んだ強い風雨は植物にとって強烈なダメージを与えます。葉がちりちりになり、ひどいと枯れてしまうものもあります。台風が去ったら、すぐに真水で木全体の塩分を洗い流し、必要なら支柱もたてて下さい。これだけで、植物がうけたストレスをかなり軽減でき、回復もはやくなります。

●トピアリーの作り方

　みどりの彫刻・トピアリーは、外国のものと思っていませんか？　トピアリーは植物を立体的に矯正し、形づくる造形物のことです。

　久米島の五枝の松も門冠りの松も菊の懸崖仕立ても立派な日本のトピアリーなのです。狭い庭でも、庭のないアパートでも鉢を置くスペースがあればトピアリーづくりを楽しむ事ができ、トピアリーが一つあるだけで印象的な庭や部屋になります。沖縄は温暖な気候から植物の成長がはやく、トピアリーづくりには最適な場所です。さあ、まずは簡単なものからはじめましょう。

準備するもの
ベンジャミンやタイワンレンギョ、シークワサーなどの実のなる木でも　葉の季節　花の季節、実の季節と表情が変わって楽しいです。なるべく若い木を選んで。
はさみ、支柱

例）はさみだけでつくるトピアリー
はさみだけでつくるので、初めは簡単な○や♡からはじめましょう。単純な型だと侮るなかれ、中に看板を入れたり、クリスマスはイルミネーションで飾ったりと応用の幅がひろがります。
1、若い苗は初めから支柱に結ぶ事でまっすぐな幹をつくります。
この時期は木をしっかり育てることに専念し、根元側の横にのびている枝は切り落として下さい。できあがりの形をイメージしながらおおまかに枝や葉を落としていきます。
2、イメージした形より、小さめに形をつくります。これは、次にでてくる枝が分岐してでてくるのでこまめに手入れをすればするほど細かい枝が増え立派なトピアリーになります。どのトピアリーにも共通です。
3、こうして、形を整えながら目標の形になるまで肥培管理を続けて下さい。

準備するもの
コニファー1鉢、りぼん（長めに準備して下さい。）、はさみ
コニファーは刈り込んでも再生力に長けているので短期間で仕上がります。

例）**スパイラル・コニファー**
1、長いりぼんを鉢の底にはさみ、動かないように鉢を置き固定します。りぼんは刈り込んで行く時の目印になるように巻くので葉よりも目立つ色がいいです。鉢元にはさんだりぼんを、下から上へ苗に巻き付けていきます。
2、はさみでりぼんに沿って横にのびている枝をすべて切り取ります。できるだけ幹に近いところで切って下さい。
3、残った枝の先端を切って枝の分岐をうながします。その後肥培管理をしっかり行なえば2〜3年で完成です。
通常、5〜7年かかるところですが、沖縄では半分の期間で仕上がります。コニファーを使う際は、最初の段階だけはさみを使い、その後の手入れは葉を手でとって下さい。コニファーははさみをきらい、はさみで切った葉は茶色に変色し美しくありません。

【巻末おまけコラム】
沖縄の風水

風水は琉球王国時代に中国から伝わり沖縄の国づくりにも大きく影響をもたらしました。当時の風水は現在の占いや色で招運するといったものではなく建築学、都市計画、など国を形成するにあたり最良の土地を判断する学問でした。

蔡温と風水

蔡温は学問としての風水を駆使し琉球経済を安定させ黄金時代を作った偉人の一人です。1682年、那覇の久米村に生まれ、具志頭親方文若（ぐしちゃんうぇーかたぶんにゃく）とも呼ばれ、王府の三司官を勤めました。

中国の流れをくむ貴族の子で、25才にして琉球儒学の第一人者となり、27才には通訳官として中国へ派遣されるまでに出世しました。3年間の滞在中に劉霽（りゅうさい）という風水師から風水を学び、専門書と羅針盤を授けられ帰国。若い尚敬王をたすけるべく国師となり大国で学んできた学問を駆使し豊かな国づくりをはじめました。

「地理の大なるは都を建て、国を建てるより大なるはない。だから、昔の聖王は、その都邑(都市)を造営しようとする時はその土地の吉凶を第一と考えた。」とはばかり、その信念通り首里城を風水診断し、国の要である城をおくに最もふさわしい場所だと評価しました。このロケーションは風水的に絶好の立地条件でゆめゆめ遷都してはならないとしました。後に首都を名護に移そうという計画が持ちあがりましたが、三府(国頭、中頭、島尻)は首里を中心とした龍体であり、都を移すとそれが崩れ国土の気勢を失ってしまうと遷都を批判した「三府龍脈碑」を名護のヒンプンガジマルのそばに建てました。

風水的にすぐれた首里城

では、すぐれた立地条件とはどういうものでしょうか。「気は風に乗って散り、水に限られて留まる」＜蔵風得水＞が風水の基本だといいます。前方が開けており、背後は高い山で左右に山の稜線が続き、入ってきた気がもれるのを防ぎ、その内側には川が流れ、気をとどめることを＜背山臨水＞といい、風水的にすぐれた立地条件をいいます。

名護ヒンプンガジマルの横にある三府龍脈碑

今帰仁村の仲原馬場に残るみごとな松並木

　首里城はまさにその通り、背後には弁が嶽がそびえ、左右に連なる山々があり、王城を守る御嶽が配置されています。また内側には金城川と真嘉比川が流れ、前面は那覇が広がり東シナ海へといたる、という大変な吉祥地なのです。

　首里城の正殿はというと、東北東を背に西南西向きに建てられています。これは、風水では「高い地位の人々を集め、龍の力を得れば巨万の富みを得られるが、龍を助けなければたちまちに衰えてしまう」運勢だというのです。ここでいう「龍」とは、地脈の起伏やうねっている様子を龍と呼び、土は龍の肉、石は龍の骨、草木は龍の毛とされ、それらに勢いがあれば強い生気が感じられるとされたようです。土壌が元気なら草木は繁茂するし、作物もよくできる。自然を大切にすることは今も昔も理にかなっているのです。

蔡温の林政

　また、蔡温は20年毎に行なわれる城の大修復費をおさえるために、イヌマキ（チャーギ）や樫などの耐久性の高い建築用材を手広く育てるようすすめ、その森林を保護し厳しく管理しました。これが、杣山（そまやま）育成です。その結果、首里城修理の間隔が長くなり財政負担を軽くすることができました。

　蔡温の事業は各村々にも及びました。増加する人口に対する森林資源と農地の減少は環境にも影響を与え、食糧難、風雨による災害、疫病をおこして、問題となっていました。蔡温は、各地を風水診断しその地が吉相か凶相か判断し、植樹や造林、道路や河川の改修をプランニングしました。そして、風水上必要な場所には植樹をし＜御風水所＞や＜間切り抱護林＞として風水環境を破壊しないよう厳重に管理しました。今でも村の背後には樹木があり、御嶽があったりします。これらは村や人々を守っているように見えます。植樹する木々は風水的にも良いとされ、沖縄の厳しい環境にもたえられる松やフクギが選ばれました。現在も本部や今帰仁の集落では美しい松を見ることができます。また、浜辺や村の周辺、家々を囲むようにして植えられた植林は良い気をとどめるためのものでありました。そして、台風からの被害を防ぎ、植栽をすることで土が肥え、作物の収穫もふえました。その他、羽地川等の治水工事、那覇港等の港湾工事、道路、橋梁改修工事も直進するのは良くなく、微妙に蛇行させることが良い、という風水の教えの通り行なったといわれています。こうして農業技術開発や土木事業も学問としての風水により行った蔡温の事業成果は、1853年に来たペリーも松並木の美しさをたたえ、沖縄のやせた土壌から得られる作物の収穫量の多さに驚いたと残されています。

植物名索引

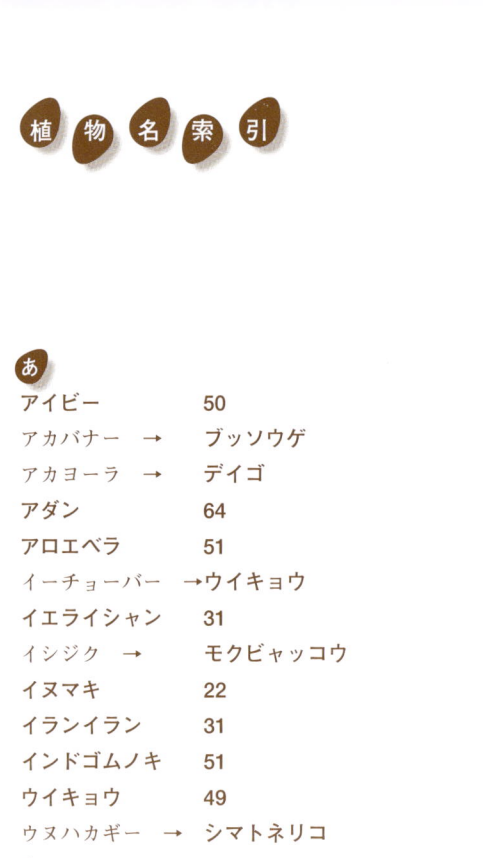

あ
アイビー		50
アカバナー	→	ブッソウゲ
アカヨーラ	→	デイゴ
アダン		64
アロエベラ		51
イーチョーバー	→	ウイキョウ
イエライシャン		31
イシジク	→	モクビャッコウ
イヌマキ		22
イランイラン		31
インドゴムノキ		51
ウイキョウ		49
ウヌハカギー	→	シマトネリコ
ウメ		35
オオゴチョウ		36
オオタニワタリ		67
オキナワキョウチクトウ		68

か
カジマヤー	→	クチナシ
ガジュマル		56
カラタケ	→	マダケ
カレープラント		48
カンノンチク		16、50
キーフジ	→	サガリバナ
ギギジ	→	ゲッキツ
キク		39
クーシーバー	→	コリアンダー
クガニ	→	ヒラミレモン
グソーバナ	→	ブッソウゲ
クチナシ		28
クバ	→	ビロウ
グムル	→	ゴモジュ
グリーンネックレス		51
クルチ	→	リュウキュウコクタン
クロツグ		66
クロトン		24、51
クヮーギ	→	シマグワ
クヮディーサー	→	コバテイシ
クヮンヌンチク	→	カンノンチク
ゲッキツ		29
ゲットウ		42、48
コーバナキ	→	シマトネリコ
コーレーグース	→	シマトウガラシ
幸福の木（ドラセナフレグランス）		50
コバテイシ		61
ゴモジュ		20
コリアンダー		48

さ
サガリバナ		32
ザクロ		54
さぼてん		51
サルスベリ		33
サワフジ	→	サガリバナ
サンダンカ		36
サントリナ		48
サンニン	→	ゲットウ
シークヮーサー	→	ヒラミレモン
シマグワ		59
シマトウガラシ		40
シマトネリコ		11
ショウブ		38
シンダン	→	センダン
スイゼンジナ		47
スパティフォラム		51
ゼラニウム		48
センダン		58

ソープ	→	ショウブ		フクマンギ		18
ソテツ		65		ブッソウゲ		34
				ベンジャミン		50
				ポトス		50
た				ホルトノキ		10
ターウルサー	→	ホルトノキ				
ターラシサー	→	ホルトノキ		**ま**		
タマシダ		51		マーチ	→	リュウキュウマツ
チク	→	キク		マーニ	→	クロツグ
チャーギ	→	イヌマキ		マダケ		26
デイゴ		36、60		マタサカキ	→	クチナシ
虎の尾		50、51		マツリカ		30
				ミント		48
な				ムイクヮ	→	マツリカ
ナイギ	→	フクマンギ		モクビャッコウ		27
ニガナ		47		モモタマナ		61
ニラ		47		モロコシソウ		48
ニンニク		46		万年竹		51
ネギ		47				
				や		
は				ヤコウカ		31
ハイビスカス	→	ブッソウゲ		ヤコウボク	→	ヤコウカ
パキラ		51		ヤマクニブ	→	モロコシソウ
ハゴーギ	→	サルスベリ		ヤマモモ		8
バショウ		52		ヨモギ		45、48
バジル		48				
バナナ	→	バショウ		**ら**		
ハンダマ	→	スイゼンジナ		ラベンダー		48
ピパーシィ	→	ヒハツモドキ		リュウキュウガキ		68
ヒハチ	→	ヒハツモドキ		リュウキュウコクタン		21
ヒハツモドキ		44、48		リュウキュウマツ		12
ヒラミレモン		55		ルー		48
ヒル	→	ニンニク		レモン		47
ビロウ		63		レモングラス		48
ビワ		53				
ブーゲンビレア		14		**わ ん**		
フーチバー	→	ヨモギ		ワカギ	→	ホルトノキ
フクギ		19		ンジャナ	→	ニガナ
フクジィ	→	フクギ				

109

にへーでーびる

この本を、「木を一本植えると、人が来る、二本植えると健康になり、3本植えると徳が来る。4本植えると金徳がくる。だから、植物を好きな人は長生きするんだよ。」と教えてくれた祖母をはじめ、医学的見地から御意見を賜りました、比嘉太先生、植物についての言い伝えを御教授いただいた諸見里安一氏、体験談をお話下さった饒波静江氏はじめ取材に応じて下さったたくさんの方々、激務のなかおつき合いいただいた飯塚みどり氏、編集の池宮紀子氏、そして、私の夫と娘、息子、またたくさんの、沖縄を愛し自然を愛してやまない皆様にささげます。

2005年3月　　　　　　　　　　　　　　　　著　者

<参考文献>

『沖縄の都市緑化植物図鑑』（財　海洋博覧会記念公園管理財）
『日経ヘルス』（日経BP社）
『沖縄大百科事典』（沖縄タイムス社）
『沖縄の環境問題と地域社会』（沖縄国際大学公開講座委員会発行）
『ガーデニング上手になる土、肥料、鉢』（NHK出版）
wonder沖縄ホームページ　http://www.wonder-okinawa.jp/
『おきなわ村の伝説』青山洋二著（那覇出版社）
『ふるさと　糸満市再発見』長嶺操、玉城和信著（はんこ西崎）
『琉球弧野山の花』（南方新社）

<協力>（敬称略）

La fonte、瑞盛館、松そば、真壁ちなー、米悦子、飯塚章、ナナちゃん、當眞嗣潤、伊是名村教育委員会、嘉手苅るみ、比嘉奨、玉城びーんず農園、宗像堂

文
比嘉　淳子（ひが・じゅんこ）
沖縄県那覇市生まれ。二児の母。ガーデニングを趣味とし自宅の庭を日々改造中。「てぃだ　きっず」主宰。共著に『オバァの喝!』『オジィの逆襲』(双葉社)がある。

写真
飯塚　みどり（いいづか・みどり）
1999年故郷の東京・小石川より那覇に移住。「カメラは体の一部さ～ね」と思ってる、イタリアンレストランのオーナーシェフ。（『料理工房・てだこ(^o^)亭』www.tedakotei.com）共著に『沖縄ナンクル読本』(講談社)、『沖縄を、買いましょう。』(プロジェクトシュリ)など多数。

デザイン　　大城　康孝
イラスト　　神谷　嘉和
　　　　　　比嘉　瞳

沖縄の庭を見直そう
琉球ガーデンBOOK

2005年　4月30日　初版第一刷発行
2020年12月25日　第七刷発行

著　者　比嘉　淳子
　　　　飯塚　みどり
発行者　池宮　紀子
発　行　ボーダーインク
　　　　〒902-0076
　　　　沖縄県那覇市与儀226-3
　　　　電話　098（835）2777
　　　　FAX　098（835）2840
　　　　http://www.borderink.com
印　刷　(有)でいご印刷

©Higa jyunko, photographs ©Iizuka midori,2005
Printed in Okinawa